Imke Rötger

# Das kleine Anti-Stress-Buch

simplify yourself
www.simplify.de

**Das kleine Anti-Stress-Buch**

ISBN 978-3-8125-0806-3
Bibliographische Information der Deutschen Bibliothek
Die Deutsche Bibliothek verzeichnet diese Publikation
in der Deutschen Nationalbibliographie,
detaillierte bibliographische Daten sind im Internet
über http://dnb.ddb.de abrufbar

Herausgeber: Detlef Koenig, Bonn
Redaktion: Imke Rötger, Berlin
Zeichnungen: Werner Tiki Küstenmacher, Gröbenzell
Produktmanagement: Patricia Schumacher, Bonn
Herstellung: Sebastian Gerber, Bonn
Herstellungsleitung: Monika Graf, Bonn

Design: Verena Pütz, Bonn
Druck: Ludwig Auer GmbH, Donauwörth
VNR Verlag für die Deutsche Wirtschaft AG
Eingetragen: Amtsgericht Bonn HRB 8165
Vorstand: Helmut Graf, Bonn
Besucheradresse: Verlag für die Deutsche Wirtschaft AG
Theodor-Heuss-Str. 2-4, 53177 Bonn,
(Großkundenpostleitzahl: 53095 Bonn)
Kundenservice-Tel.: (0228) 9 55 01 40
E-Mail: info@simplify.de

2. Auflage 2009

Liebe Selbstmanagerinnen
und liebe Selbstmanager,

hat der Stress Sie wieder einmal oder sogar seit längerem erwischt? Sie können jedenfalls auf dreierlei setzen:

1. Sie können Ihren Stress besiegen – durch Ihr Stressmanagement, mithilfe des kleinen **Anti-Stress-Buchs**.

2. Ihre Stressbewältigung muss gar nicht „stressig“ sein: Es gibt zahlreiche einfache Anti-Stressübungen und -strategien, die Sie auch im Alltag und mitten im Stress leicht umsetzen können. In diesem Buch lernen Sie sie kennen.

3. Mit unseren **simplify**®-Tipps und Mentalübungen können Sie nicht nur den belastenden Stress überwinden, sondern darüber hinaus auch Stress vorbeugen. Und Sie erfahren, was Sie tun können, damit „guter“ Stress Ihr Leben bereichert.

Stress geht immer einher mit einem Gefühl von Zeitdruck: „Jetzt muss etwas geschehen.“ – „Wenn ich doch wenigstens erst einmal zur Ruhe käme!“ – „Wenn ich doch nur eine Lösung wüsste!“ Das sind ganz natürliche Empfindungen. Schließlich möchten wir die Belastung möglichst schnell wieder loswerden. Darum bieten wir Ihnen hier alltagspraktische Übungen und Tipps, die Sie sich leicht aneignen und sofort umsetzen können. Nutzen Sie Ihre Selbststeuerungs-Fähigkeiten und unsere **simplify**®-Tipps, um Ihren Stress für immer in den Griff zu bekommen.

Herzlich
Ihre

Imke Rötger

# Inhalt

## 3. So besiegen Sie den Stress

## 4. So beugen Sie Stress vor

# 1. Soforthilfe: Raus aus dem Stress!

## 1.1 – Die Mini-Atemübung für alle Fälle

### Beruhigen Sie sich

Was hat Sie in den Stress gebracht? Der ganz normale Alltag: Anruf Nummer 7, E-Mail Nummer 27 und gleichzeitig steht eine Kollegin in der Tür mit einer „ganz kurzen Frage"? Oder ist ein Gespräch mit Ihrem Lebensgefährten oder einem Kollegen gerade in einen Streit umgeschlagen? Vielleicht stehen Sie kurz vor einem wichtigen Auftritt, etwa einer Präsentation vor großem Publikum oder einem Jahres- oder Bewerbungsgespräch?

Ganz gleich, was den Stress ausgelöst hat: Körper, Geist und Seele reagieren auf Stress immer auf dieselbe Weise: Der gesamte Organismus schaltet auf Flucht oder Angriff um, wie zu Urzeiten, als es galt, sich wilder Tiere zu erwehren. Unsere Atmung wird flach und schnell, der Blutdruck geht hoch, die Muskeln spannen sich an. Alle Funktionen, die wir nicht unbedingt für den Angriff oder die Flucht benötigen, werden heruntergefahren – auch das differenzierte Denken. Jetzt heißt's gegensteuern!

### 1., 2., 3., ...

So wird's gemacht:

1. Sagen Sie zu sich selbst „1, 2, 3, einatmen" – und atmen Sie dabei durch die Nase tief in den Bauch hinein ein.
2. Sagen Sie dann zu sich „4, 5, 6, 7 ausatmen" – und atmen Sie dabei durch die Nase wieder aus.
3. Wiederholen Sie dies einige Male. Etwa beim 3. Atemzug werden Sie den Rhythmus gefunden haben und entsprechend langsam atmen können. Nach einigen weiteren Atemzügen nimmt das Stressempfinden ab.

## Sofortübung: 1, 2, 3 einatmen – 4, 5, 6, 7 ausatmen

Wir können in Stresssituationen nicht einfach davonlaufen oder dem Stressauslöser „ins Gesicht springen" – so sehr unser Organismus uns dies auch anzeigt. Uns bleibt nur, uns auf andere Weise aus der Stressempfindung herauszuholen und zur Entspannung sowie zum klaren Denken zurückzufinden. Die kurze Atemübung können Sie wirklich überall machen, egal, ob Sie allein oder im Meeting oder in der U-Bahn sind. Sie wirkt zum unmittelbaren Stressabbau ebenso wie an einem stressigen Tag als Erholung zwischendurch. Und Sie benötigen dafür nur wenige Minuten Zeit.

## Das kleine Plus: Distanz und frische Luft

Wenn es die Situation jedoch erlaubt, sollten Sie die Wirkung der Übung auf einfachste Weise erhöhen: Gehen Sie wenigstens für 5 Minuten hinaus, machen Sie die Atemübung draußen. Die frische Luft erhöht den Entspannungseffekt, und Abstand vom „Stresszentrum", wenigstens für kurze Zeit, hilft allen Beteiligten.

### Tipps

Hier noch ein paar Tipps:

- Sie können in jedem Meeting selbstbewusst-freundlich eine kurze Pause vorschlagen, wenn etwa 45 Minuten vergangen sind. Niemand braucht zu wissen, dass Sie „Luft holen" möchten, sagen Sie einfach: „Ich schlage vor, wir machen regelmäßig kurze Pausen, damit wir dann umso besser arbeiten können."
- Ist während eines Gesprächs Stress entstanden? Ist Streit aufgekommen? Wird von Ihnen eine Entscheidung gefordert, die Sie jetzt nicht treffen möchten? – Schlagen Sie einfach ein zeitnahes neues Treffen vor: „Das ist mir so wichtig, darüber möchte ich in Ruhe nachdenken." Das akzeptiert jeder.

## 1.2 – „Halt dich gerade“

### Stehen und sitzen Sie gerade!

Haben Sie noch den Tonfall Ihrer Eltern im Ohr, wie sie Sie als Kind und Jugendlicher dauernd daran erinnerten, gerade zu sitzen? Damals mochten Sie das gar nicht hören, aber – Recht hatten unsere Eltern: Denn eine schlechte Haltung stört die Atmung. Gebogen, gekrümmt oder mit dem Kopf zwischen den Schultern können wir nicht tief atmen, sondern nur kurz und flach. Die Sauerstoffversorgung ist schlechter als beim tiefen Atmen in gerader Haltung.

Im Stress neigen wir dazu, die Schultern hochzuziehen und zu verspannen. Steuern Sie der Verspannung und dem Stress einfach gegen, indem Sie sich bewusst gerade hinstellen bzw. -setzen.

Üben Sie darüber hinaus die Tiefenatmung ein, sodass Sie ab demnächst auch ohne nachzudenken so atmen, dass Sie dabei gut entspannen und das Optimum an Sauerstoffzufuhr erzielen.

**1., 2., 3., ...**

So wird's gemacht:

1. Nehmen Sie sich 5 Minuten Zeit, um Ihre Atmung zu beobachten. Legen Sie sich mit dem Rücken auf den Boden (Teppich reicht als Unterlage), die Arme liegen seitlich neben dem Körper.
2. Atmen Sie dann ruhig tief in den Bauch ein und wieder aus (stets durch die Nase). Beim Einatmen tritt die Bauchdecke hervor, die Flanken dehnen sich seitlich, erst danach dehnt sich auch der Brustkorb. Achten Sie darauf, dass sich Schlüsselbeine und Schultern nicht heben – dies sind Anzeichen von der Hochatmung, die leicht zu (Muskel-)Verspannungen führt.
3. Wiederholen Sie die bewusste Tiefenatmung häufig, um sich daran zu gewöhnen!

## 1.3 – Ziehen Sie sich um

### Ganz schnell die eigene Stimmung positiv beeinflussen

Oft stressen uns andere: Ein Kollege trifft mit einer ungerechtfertigten Kritik einen empfindlichen Nerv, der Freund kommt schon wieder zu spät, die Freundin stichelt in einer alten Wunde herum, die Tochter verstreut ihren Kram in der eben von Ihnen aufgeräumten Wohnung ... Nutzen Sie, ehe Sie Dinge sagen, die Sie später bereuen, diesen Tipp: Ziehen Sie sich um. Vorher sagen Sie gar nichts, allenfalls: „Moment, ich bin gleich wieder da!“

So bringen Sie sich aus der brisanten Situation heraus, bevor sie eskaliert. Sie ändern durch eine Handlung, die niemandem „weh tut“, Ihre Stimmung. Sie überlegen: „Was ziehe ich jetzt an? Welche Kleidung passt jetzt zu meiner Stimmung? Kampfanzug oder Wohlfühlkleidung?“ Diese Überlegungen bringen Sie schnell wieder zu sich. Wenn Sie sich dann noch kurz im Spiegel betrachten, ist die Gefahr, dass Sie sich unüberlegt als Monster präsentieren oder resignierend den Mund halten, gebannt. Sie haben während des Umziehens genug Zeit gehabt, den Stress abzulegen und zu der Haltung zu finden, die Ihnen jetzt gut tut.

### Verwandlungszauber kraft Ihrer Vorstellung

Sie haben natürlich nicht ständig Ihre gesamte Garderobe dabei. Trotzdem können Sie den Umzieh-Zauber überall und jederzeit einsetzen. Nachdem Sie sich in Stresssituationen einige Male real umgezogen und die Wirkung kennengelernt haben, reicht es meistens auch, wenn Sie sich in einer brenzligen Situation in Ihrer Vorstellung umziehen:

Ziehen Sie sich gedanklich 2, 3, 4 Minuten zurück. Stellen Sie sich vor, wie Sie zu Ihrem Kleiderschrank gehen, ihn öffnen und überlegen, welche Kleidung Sie nun auswählen. Treffen Sie – in Ihrer Vorstellung – Ihre Entscheidung, ziehen Sie sich um. Betrachten Sie sich in Ihrer Fantasie kurz im Spiegel. Nehmen Sie dann dieses Bild mit, wenn Sie gedanklich in die reale Situation zurückkehren.

## 1.4 – Kurze Zeit gaaanz langsam

### Tun Sie für einige Minuten das Gegenteil

Was tun Sie, wenn Sie wütend sind? – Sie springen auf, rennen im Raum auf und ab, reden schnell oder schreien Ihr Gegenüber womöglich an. Und wenn Sie gestresst sind, weil Sie beispielsweise gleich für Ihren Vortrag auf die „große Bühne" treten müssen, dann lehnen Sie vorher auch nicht gelassen am Türrahmen und plaudern friedlich mit Ihrer Freundin. Sie gehen auf und ab, reden wenig oder durcheinander und schnell. Sie reiben sich die womöglich feuchten Hände ...

Niemand kann gestresst sein und sich gleichzeitig völlig entspannt verhalten. Und diese Tatsache können Sie in Stresssituationen für sich nutzen: Kehren Sie sie einfach um!

Sie spüren Stress aufsteigen und wollen nur noch rennen? – Gehen Sie 1-2 Minuten gaaanz langsam auf und ab. Schreiten Sie.

Aus Ihnen möchte die ganze Wut oder das ganze Leid oder die große Sorge heraussprudeln? – Das tut gut und führt Sie wahrscheinlich am Ende zum Sortieren der Gedanken und Gefühle. Wenn die Situation das jedoch nicht erlaubt oder Sie eine Eskalation vermeiden wollen, dann stimmen Sie sich bewusst um. – Sprechen Sie die ersten 2-3 Minuten gaaanz langsam. Wählen Sie Ihre Worte mit Bedacht, sprechen Sie (statt zu laut) getrost viel zu leise.

Ihre Gestik, Ihre Hände und Arme, Ihr ganzer Körper will den Stress durch schnelle, fahrige Bewegungen und Händereiben ausdrücken? – Versuchen Sie, sich 1-2 Minuten sich ruhig zu halten. Ihre Arme schwingen mit Ihrem langsamen Gang mit, Ihre Hände bleiben offen.

Sie sollten sich nicht länger als wenige Minuten auf diese Weise verstellen. Doch die kurze Beherrschung hilft oft, die Stresssymptome in Ihrem Körper zu mindern – und damit auch die Stressgedanken und -gefühle in Geist und Seele. Probieren Sie es aus!

## 1.5 – Tun Sie so, als ob

### Entstressen kraft Ihres Unterbewusstseins

Wenn Sie vor einem wichtigen Gespräch oder in einem Konflikt sehr angespannt sind, dann hilft Willenskraft allein oft nicht weiter: „Ich will jetzt ruhig werden. Ich muss mich jetzt entspannen." Dazu womöglich ein Blick auf die Uhr: „Jetzt muss ich mich beruhigen!" – Das kann klappen. Oder es schlägt ins Gegenteil um, weil wir uns zusätzlich unter Druck setzen. In solchen Momenten empfiehlt es sich, die notwendige Entspannung über das Unterbewusstsein herbeizuführen.

Eines der wirksamsten Mittel, Ihr Unterbewusstsein zu beeinflussen, ist die „So tun als ob"-Technik. Sie ist mühelos erlernbar, denn sie knüpft an eine Fähigkeit an, die Sie bereits im Kindesalter selbst entwickelt haben – an Ihre Fähigkeit, in imaginäre Rollen zu schlüpfen und so zu tun, als ob. Viele Psychotherapeuten nutzen diese Fähigkeit, um Barrieren und Widerstände der bewussten Gedankenwelt zu überwinden. Sie wenden die „So tun als ob"-Technik (auch „Technik der Übernahme" genannt) an.

Lesen Sie auf der nächsten Seite, wie Sie sich selbst diese hilfreiche Technik aneignen können. Üben Sie die Vorgehensweise an mehreren aufeinanderfolgenden Tagen ein. Sobald sie Ihnen vertraut geworden ist, können Sie auf diese Weise überall und jederzeit Entspannung finden.

### Ihr Plus: Die „So tun als ob"-Technik ist flexibel einsetzbar

Sie können diese Technik auch anwenden, um in anderen Situationen über Ihr Unterbewusstsein erwünschte Verhaltensweisen und Gefühle in sich zu wecken. Wenn Sie sich beispielsweise vor einem Ereignis oder vor einer Begegnung unsicher fühlen, können Sie damit bewirken, dass Sie sicher auftreten und sich dabei auch sicher fühlen. Stellen Sie sich einfach vor, wie Sie sich in der bestimmten Situation vollkommen sicher verhalten, wie Sie dabei aussehen und sprechen. Übernehmen Sie dann die Gefühle.

**1., 2., 3., ...**

So wird's gemacht:

1. Nehmen Sie sich 5 bis 10 Minuten Zeit und ziehen Sie sich an einen Ort zurück, an dem Sie nicht gestört werden.
2. Atmen Sie eine Weile lang tief und ruhig ein und aus. Schließen Sie dann die Augen und beginnen Sie, in Ihrer Vorstellung einen Film ablaufen zu lassen.
3. Stellen Sie sich Bilder vor, die Sie selbst zeigen als die völlig ruhige, entspannte Person, die Sie jetzt gerade gerne wären: Sie sehen sich ganz entspannt sprechen, sitzen, gehen, gestikulieren und handeln. Stellen Sie sich alles ganz genau vor, bis Sie das Bild, wie Sie ganz entspannt sind, genau vor Augen haben und spüren, wie Sie entspannt atmen, sprechen, sich bewegen.
4. Öffnen Sie die Augen. Und übernehmen Sie die guten Empfindungen, die Sie gerade durch Ihre Vorstellung geschaffen haben. Atmen Sie weiterhin ruhig, bewegen Sie sich, wie eine entspannte Person sich bewegt. Tun Sie so, als ob Sie vollkommen ruhig und entspannt wären. Gehen Sie davon aus, dass Sie wirklich ruhig und entspannt sind. – Wenn Sie sich 5 Minuten so verhalten haben, werden Sie sich tatsächlich ruhig fühlen, Sie werden entspannt sein: Sie werden das Gefühl übernommen haben.
5. Beenden Sie die Übung und wenden Sie sich Ihren Aufgaben wieder zu.

## 1.6 – Ihr Joker: Ihr innerer Ruheort

### Gehen Sie auf Abstand – im Kopf!

Sie wollen sich einer Stresssituation erst einmal entziehen? Oder Sie möchten dem Alltagsstress für einige Minuten entkommen? – Wie schön wäre es, wenn Ihnen dafür überall ein Raum zur Verfügung stünde, in dem Sie sich sehr wohl fühlen und in dem Sie sicher niemand stören würde. – Einen solchen Ruheort können Sie sich schaffen: durch die Mental-Übung auf der nächsten Seite.

### So wird Ihr Ruheort ein zuverlässigen Helfer

Machen Sie die Übung im Kasten rechts das erste Mal, wenn Sie keinen Stress haben. Denn zunächst erschaffen Sie in Ihrer Vorstellung Ihren Ruheort. Sie können ihn gestalten, wie Sie es sich wünschen. Und: Sie können später entsprechend Ihren wechselnden Bedürfnissen den Ort jederzeit umgestalten.

Wiederholen Sie die Übung an jedem der folgenden Tage, damit Sie Ihren Ruheort bald mühelos in Ihrer Fantasie aufsuchen können.

„Testen" Sie die Wirkung bzw. Ihre Vertrautheit mit Ihrem Ruheort in einer Situation, in der Sie nur ein wenig angespannt sind: Wenn Sie sich zwischen 2 Terminen entspannen und auf den nächsten Gesprächspartner einstellen oder sich nach einem vollen Arbeitstag entspannen wollen. – Nach 5 bis 10 Minuten an Ihrem Ruheort werden Sie die entspannende Wirkung spüren.

Dann können Sie Ihren Rückzugsort immer aufsuchen, sobald Sie das Bedürfnis danach empfinden. Je öfter Sie an Ihrem Ort zu Ruhe und neuer Energie gefunden haben, desto stärker spüren Sie schon nach wenigen Minuten die positive Wirkung. Schon bald kann Ihnen auch ein kurzer Aufenthalt an Ihrem Ruheort guttun.

Ihr Ruheort kann Ihnen über die Entspannung hinaus auch zur Erfüllung anderer Bedürfnisse dienen. Wenn Sie ihn zum Beispiel zur Ideenfindung aufsuchen, dann gestalten Sie ihn einfach so um, wie Sie es für Ihre Inspiration als hilfreich empfinden.

## 1., 2., 3., ...

So wird's gemacht:

1. Nehmen Sie sich etwa 20 Minuten Zeit, und ziehen Sie sich an einen störungssfreien Ort zurück. Schließen Sie die Augen, atmen Sie ruhig, entspannen Sie sich.
2. Stellen Sie sich nun einen für Sie idealen Ort der Ruhe vor. Lassen Sie den Ort in Ihrer Fantasie entstehen. Es kann ein imaginäres Tal in den Bergen sein, eine wunderschöne Insel, ein bestimmter Strand oder beispielsweise ein Zimmer: Stellen Sie es sich genau vor. Wie groß wünschen Sie sich das Zimmer? Wie ist es eingerichtet, worauf sitzen oder liegen Sie? Welche Farben haben die Wände und die Einrichtung? Gibt es Bilder an den Wänden? Welche? Und wie viele Fenster hat das Zimmer? Scheint in Ihrer Vorstellung gerade die Sonne herein? Oder blicken Sie in einen Sternenhimmel, wenn Sie hinausschauen? Schauen Sie aus einem Turmzimmer über das weite Land? Oder blicken Sie in einen Garten oder auf einen großen Platz? Was hören Sie? Stimmen in der Ferne, Wellenrauschen oder Vogelgezwitscher? Oder haben Sie Ihre Lieblingsmusik angestellt?

   Malen Sie sich das Zimmer genau aus. Ändern Sie die Details in Ihrer Vorstellung so lange, bis Sie sich vollkommen wohl in dem Zimmer fühlen. Denken Sie daran: Nur Sie kennen diesen Raum. Sie können ihn gestalten, wie Sie wollen.
3. Wenn Sie den Ort deutlich vor Augen haben und das gute Gefühl, dass er Ihnen gibt, verspüren, dann halten Sie sich noch eine Weile darin auf. Genießen Sie Ihren Ort der Ruhe.
4. Beenden Sie dann die Übung, indem Sie langsam in die Realität zurückkehren. Bleiben Sie noch einige Minuten entspannt sitzen, bevor Sie sich anderen Tätigkeiten zuwenden.
5. Wiederholen Sie die Imagination in den folgenden Tagen, sodass es Ihnen bald gelingt, sich in wenigen Minuten an Ihren Ort der Ruhe zu versetzen und seine positive Ausstrahlung zu genießen.

## 1.7 – Gedanken-Stopp!

### Verschaffen Sie sich eine Stresspause: Sofort

Stress hat Ursachen, denen Sie auf die Spur kommen müssen, damit Sie sich davon befreien können. Doch bis Ihnen das möglich ist, müssen Sie sich den stressigen Gedanken nicht ununterbrochen ausliefern: Mithilfe der Stopp-Technik können Sie die Gedanken höchst effektiv unterbrechen.

Probieren Sie es aus: Besonders, wenn Sorgen Sie belasten oder wenn Sie sich wegen eines bevorstehenden Ereignisses unsicher fühlen, ist der Gedanken-Stopp eine gute Stressbremse.

**1., 2., 3., ...**

So wird's gemacht:

1. Sie wollen einen Stressgedanken schnell loswerden? Stellen Sie sich in Ihrer Fantasie etwas vor, was für sofortiges Unterbrechen bzw. umgehendes Einhalten steht. Das kann das rot-weiße Stoppschild sein, wie Sie es aus dem Straßenverkehr kennen. Oder Sie schlagen mit der Faust oder Hand auf den Tisch. Oder Sie stellen sich vor, wie Sie einen Wasserhahn zudrehen und so das Laufen des Wassers unmittelbar beenden. – Entscheiden Sie sich für Ihr Stopp-Bild, und führen Sie es sich deutlich vor Augen.
2. Rufen Sie dabei in Gedanken zu sich selbst „STOPP!" Wenn es die Situation erlaubt, können Sie auch laut „STOPP" sagen oder rufen.
3. Wiederholen Sie die Vorstellung Ihres Stopp-Bildes und das Rufen noch 1- oder 2-mal.
4. Rufen Sie gedanklich eine positive Vorstellung wach, beispielsweise einen Lieblingsausblick bei Ihren Spaziergängen.
5. Richten Sie anschließend sofort Ihre Aufmerksamkeit auf eine anstehende Aufgabe.
6. Falls der Stressgedanke wiederkehrt, wiederholen Sie die Übung.

# 1.8 – Nichtstun und Ablage im Kopf

## Warten Sie einfach ab

Stress. Probleme. Kein Ausweg in Sicht. – In solch einer Situation fällt uns das Abwarten besonders schwer. Es bedeutet, bewusst Handlungsverzicht zu üben. Und das steht im krassen Gegensatz zu den alltäglichen Handlungsmaximen: „Pack's an, dann schaffst du's." – „Tu was für dein Glück." Doch manchmal ist das nicht möglich. Und gerade im Stress ist es eher unwahrscheinlich, dass uns gute Ideen kommen, wie wir den Stress beseitigen können. Oft ist gerade das Nichtstun das Gute, was eine Sache braucht.

Dann ist es besser, darauf zu vertrauen, dass die richtigen Dinge geschehen. Und wenn wir in dem Vertrauen etwas Ruhe wiedergewinnen, dann mag es sein, dass uns doch das Richtige einfällt.

Abwarten mit gutem Gewissen, in Ruhe abwarten können Sie, wenn Sie tatsächlich alles getan haben, was notwendig ist und Sie ohne Wenn und Aber tun müssen: Beispielsweise stehen Sie unter Druck, weil Sie eine sehr wichtige Entscheidung treffen müssen, sich dazu aber noch nicht in der Lage fühlen. Dann prüfen Sie kurz, ob Sie alle Informationen zur Entscheidungsfindung eingeholt haben. Falls nicht, dann leiten Sie das in die Wege. Und teilen Sie anderen Beteiligten mit, dass Sie Ihre Entscheidung vertagen. Dann können Sie mit gutem Gefühl abwarten bzw. die Entscheidung in sich reifen lassen.

## Höchste Zeit, dass Sie Zeit für sich finden

Wenn starker Stress Sie belastet, sodass Ihnen alles zu viel ist, dann müssen Sie möglichst schnell Zeit für sich finden. Es ist notwendig, dass Sie die Stressursachen erkennen. Erst dann können Sie den Stress abbauen. Unter sehr starker Belastung helfen Durchhalteparolen gar nichts. Wenn wir es noch so sehr wollen: Ohne Konzentration können wir nicht denken, nicht gut arbeiten und schon gar nicht sehr schwierige Herausforderungen meistern. Wer „nicht mehr weiß, wo ihm der Kopf steht", dem hilft die Ablage im Kopf.

## Konzentrieren Sie sich nur auf das Allernotwendigste

Machen Sie sich keine To-do-Liste. Überlegen Sie nicht, was alles zu tun ist. Schieben Sie alles beiseite – im Kopf. Und konzentrieren Sie alle Kräfte, die Sie noch haben, auf eine einzige Aufgabe: auf das Thema oder die Tätigkeit, die Ihnen jetzt am allerwichtigsten erscheint.

Vielleicht ist das genau der Stress, der Sie belastet. – Gut. Natürlich ist es „bei Licht betrachtet" am wichtigsten, dass Sie sich von dem Stress befreien. Alles andere steht jetzt hinten an.

Vielleicht ist es aber auch etwas, was Sie unbedingt vorher, bevor Sie sich die notwendige Zeit für sich nehmen, erledigen wollen: „Ich muss mit meiner Tochter das Abi-Ballkleid besorgen. Sie würde das nie vergessen, wenn ich das jetzt nicht tue, nur weil es mir so schlecht geht." – Oder: „Ich möchte diesen Entwurf unbedingt fertigstellen. Da hinein habe ich schon so viel Zeit investiert und er liegt mir so sehr am Herzen." – Wenn Sie so empfinden, dann folgen Sie diesem Wunsch. Einmal. Nur einmal. Alle anderen Aufgaben und Tätigkeiten verschwinden in der Ablage im Hinterkopf. Verabreden Sie mit sich selbst, dass Sie sich danach um sich kümmern. Und halten Sie sich daran.

Auf diese Weise bekommen Sie Kraft für das eine Vorhaben. Doch wenn Sie sich nicht daran halten und sich doch noch durch weitere Aufgaben und Pflichten quälen, dann können Sie diesen Reservetank nicht mehr anzapfen. Er ist leer: Wenn Sie nicht auf Ihre Verabredung vertrauen können, hilft sie Ihnen nicht über die letzten Durchhalte-Meter.

# 1.9 – Bei Stressalarm: Stresstermin

## Nur für zuverlässige Menschen: Verschieben Sie den Stress

Im aufgewühlten Zustand, im Ärger oder wenn Sie sich große Sorgen machen ist es kaum möglich, den Stressursachen auf die Spur zu kommen und Lösungen zu finden. Ebenso ungünstig ist es, sich mit dem eigenen Stress zu befassen, wenn Sie sich mitten in einem wichtigen Gespräch mit einem Geschäftspartner befinden. Und auch nachts, wenn Sie schlafen und sich erholen wollen, sollten Sie sich nicht mit Stress befassen.

Sie können den Stress bzw. Ihre Auseinandersetzung mit den Stressursachen einfach verschieben – etwa durch die „Stopp"- oder die „So tun als ob-Technik". Aber die stressigen Gedanken und Gefühle werden Sie wieder einholen, wenn Sie die Ursachen nicht ergründen und keine Lösungen herbeiführen.

Der Vorteil, den Sie durch den Einsatz solcher Techniken erzielen, liegt darin, dass Sie es selbst steuern können, wann Sie sich mit dem Stress befassen. Doch das Aufschieben hat nur dann entlastende Wirkung auf Ihre momentane Verfassung, wenn Sie es verbinden mit einem Stresstermin, den Sie sich setzen.

Also: Wenn Sie Stress verspüren, sich aber gerade nicht damit befassen können oder wollen, dann verschieben Sie dies getrost. Legen Sie dann aber unbedingt für sich einen Stresstermin fest. Er sollte möglichst noch am gleichen oder spätestens am nächsten Tag stattfinden.

Schreiben Sie sich den Termin in Ihren Kalender oder Wochenplan. Blockieren Sie mindestens eine halbe Stunde dafür. Arbeiten Sie häufig und routiniert mit Stressterminen reichen (je nach Ursache) oft auch 10 Minuten, um sich von einem Stress zu befreien.

Und halten Sie sich ausnahmslos an einen einmal gesetzten Stresstermin. Nur wenn Sie dies zuverlässig tun, kann das Verschieben ein hilfreiches Mittel für Ihr Stressmanagement sein.

## 1.10 – Weiter mit der „Roten Liste“

### Nehmen Sie jedenfalls den Zeitdruck raus

Oft geraten wir durch Zeitmangel in Stress. Und ebenso oft geraten wir durch Stress unter Zeitdruck. Denn wenn wir von Stressgedanken abgelenkt sind, rutschen wir mit unseren Tages- oder Wochenaufgaben schnell aus dem Plan. Ganz gleich, ob Henne oder Ei zuerst da war: Um sich von den inneren Stressgefühlen zu befreien, ist es notwendig, den Zeitdruck abzubauen.

### So hilft Ihnen die „Rote Liste“ an Stresstagen

Ziehen Sie sich 10 Minuten zurück – egal, wie groß Ihre Zeitnot gerade ist. Die 10 Minuten holen Sie durch überlegtes Vorgehen sicher wieder aus Ihrem Tag heraus. Und dann erstellen Sie nach der Vorgehensweise im Kasten auf der nächsten Seite Ihren neuen Tagesplan.

Schreiben Sie tatsächlich mit einem Rotstift. Die Farbe signalisiert Ihnen: Dieser Plan gilt ab jetzt. Alles andere im üblichen Blau oder Schwarz verblasst dahinter, steht zurück.

### Zeit-Zauber auch für längere Stressphasen

Drücken Sie bereits seit mehreren Tagen Stress und Zeitnot? Oder ist sogar schon seit Wochen „kein Land in Sicht“? – Sie können Rote Listen auch für Ihre Wochen- und Monatsplanung erstellen. Das dauert länger; am besten nehmen Sie sich dafür am Wochenende einmal Zeit. Aber es ist eine ebenso große Hilfe, wenn es darum geht, dass Sie sich selbst aus dem Getrieben-Sein befreien. Und das ist eine gute Voraussetzung, sich erfolgreich mit den Stressursachen zu befassen und sich davon zu befreien.

## 1., 2., 3., ...

So wird's gemacht:

1. Notieren Sie auf einem Zettel alle Aufgaben, die Sie heute noch erledigen wollen – ganz gleich, wie wichtig oder dringend Ihnen eine Aufgabe jetzt erscheint, oder ob sowieso alles in Ihrem Terminkalender steht. Schreiben Sie erst einmal alles auf.
2. Schauen Sie sich jede einzelne Aufgabe an: Können Sie sie problemlos verschieben oder absagen? – Tun Sie es! Tragen Sie in Ihren Wochenplan ggf. gleich den neuen Termin für die Aufgabe ein. Schieben Sie nicht gedankenlos „auf morgen", denn damit würde der nächste Tag genauso im Zeichen des Zeitdrucks stehen.
3. Nach dem Streichen und Verschieben betrachten Sie wieder jede einzelne Aufgabe: Kann ein Mitarbeiter, ein Familienmitglied oder ein Freund Ihnen die Aufgabe abnehmen? – Dann geben Sie sie ab!
4. Schauen Sie sich die geschrumpfte Aufgabenliste noch einmal an: Welche Tätigkeiten können Sie so aufteilen, dass Sie heute nur den aktuell wichtigsten Teil erledigen? – Teilen Sie sie auf!
5. Schreiben Sie dann auf einen neuen Zettel noch einmal die verbliebenen Aufgaben untereinander. Notieren Sie hinter jeder Aufgabe die Zeit, die Sie für die Erledigung veranschlagen.
6. Addieren Sie die notierten Zeitspannen. Steht Ihnen genug Zeit zur Verfügung, um alle Aufgaben zu schaffen? Haben Sie auch die Zeit für Ihre Mahlzeiten und kleinere Pausen eingeplant? (Die haben Sie, wenn Sie im Stress sind, besonders nötig!) Dann beginnen Sie gleich damit, Ihren neuen, wohlüberlegten und strukturierten Tagesplan umzusetzen.
7. Sollte Ihnen weniger Zeit zur Verfügung stehen, als Sie in Ihrem Plan veranschlagt haben, dann streichen und vertagen Sie jetzt noch einmal einige Aufgaben – bevor Sie unter Druck mit der Arbeit beginnen.

# 2. Erkennen Sie Ihre Stressmacher

## 2.1 – Was sagt Ihre innere Stimme?

### Höchste Zeit für Selbsterkenntnis

Stress kann sich auf vielerlei Arten äußern, beispielsweise durch schnelles Atmen, Herzklopfen, Schweißausbrüche, zittrige Hände, Magengrummeln oder sogar Magenschmerzen.

Und dazu kommen die stressigen Gedanken, die sich leicht zu Katastrophenszenarien entwickeln und das Stressempfinden steigern können.

Dagegen können Sie mit den Anti-Stress-Sofort-Übungen (siehe Kapitel 1) angehen. Doch möglichst schnell sollten Sie sich auch mit den Ursachen des Stresses befassen, um ihn dann gezielt und zügig abbauen zu können.

### Stressursachen durch den inneren Dialog erkennen

Sorgen, Ängste, Ärger, Zeitnot – was hat den Stress eigentlich ausgelöst? Durch ein gutes Gespräch können Sie den Gründen auf die Spur kommen. Wenn Sie mit der Person Ihres Vertrauens gerade nicht sprechen können oder wollen, dann können Sie auch im Selbstgespräch Ihre Fragen klären. Probieren Sie es aus, Sie werden sehen: Auch Sie selbst können für sich ein sehr guter Gesprächspartner sein.

### „Hallo, sprich mit mir!"

Betrachten Sie die stressenden, aufwühlenden Gedanken als die Stimme eines guten Freundes, die beachtet werden möchte: „Hallo, ich habe da etwas Wichtiges mit dir zu besprechen!" Diese innere Stimme möchte Sie darauf aufmerksam machen, dass Sie etwas mit sich zu klären haben.

## So hilft Ihnen der innere Dialog

Geben Sie dem Gespräch Struktur, damit es nicht so ineffektiv verläuft wie ein Stammtischgespräch über Politik oder Fußball. Sprunghafte Gedanken, womöglich Richtung Katastrophe, nützen Ihnen nichts. Sie möchten das Hilfreiche an Ihren Stressgedanken herausfiltern und möglichst konkrete Antworten auf Ihre Frage nach den Stressursachen finden. Beherzigen Sie deshalb die Tipps im Kasten auf der nächsten Seite.

## Sprechen Sie gut mit sich

Die Art, wie Sie mit sich selbst umgehen und innerlich mit sich sprechen, wirkt auf Sie zurück. Sie können damit Sorgen, Unsicherheit, Selbstzweifel, Wut, Ängste – kurz: alle Arten von Stress – produzieren oder abbauen.

Das bedeutet nicht, dass Sie sich selbst betrügen sollten. Auch einen Freund würden Sie nicht belügen, etwa nur, um ihn zu beruhigen, sagen: „Nein, nein, du bist nicht selbst schuld an dem ganzen Stress. Es laden alle zu viel bei dir ab ...“ Stattdessen würden Sie ihm durch Fragen helfen, seine Situation besser zu erkennen: „Warum meinst du, dass du selbst schuld an dem Stress bist?“ Er würde vielleicht antworten: „Weil ich mir so viel aufladen lasse.“ Und durch weiteres Nachhaken können Sie zu Erkenntnissen kommen: „Warum lässt du dir so viel aufladen?“

Nachfragen, gut zuhören, nachfragen, gut zuhören – das ist der Grundtenor eines erfolgreichen inneren Gesprächs.

## Bleiben Sie im Gespräch

Haben Sie durch das Selbstgespräch einen oder mehrere Stressauslöser erkannt? Dann können Sie gleich oder in einem weiteren Selbstgespräch Ideen und Lösungen suchen, wie Sie den Stress abbauen und auf einen guten Weg gelangen können.

## Tipps

Hier noch ein paar Tipps:

- Notieren Sie sich vorab das Gesprächsthema und das Gesprächsziel.
- Legen Sie vorab die Gesprächsdauer fest. Dadurch fördern Sie die eigene Konzentration und schützen sich vor endlosem, abschweifendem Gedankenkreisen. In der Regel reichen etwa 20 Minuten; falls nicht, ist es meist effektiver, sich etwas später für ein weiteres Gespräch noch einmal Zeit zu nehmen.
- Halten Sie die Argumente beider Seiten schriftlich fest, auch wenn es Ihnen im Augenblick nicht notwendig erscheint: Wenn es um Gefühle geht, kann es leicht passieren, dass Sie Wichtiges vergessen oder sich im Kreis bewegen. Ihre Notizen schützen Sie vor beidem.
- Halten Sie auch die Ergebnisse und gegebenenfalls erste Lösungsansätze schriftlich fest. Es ist gut, wenn Sie momentan durch das Gespräch einen oder sogar mehrere Stressauslöser erkannt haben. Wertvoll ist es jedoch auch, sich diese später wieder vor Augen führen zu können: Dies sind Ihre Ansatzpunkte, wenn Sie über mögliche Handlungen zur Stressbewältigung entscheiden.
- Konnten Sie Ihren Stressmachern nicht auf die Spur kommen, dann überlegen Sie, ob Sie nochmal ein inneres Gespräch dazu führen möchten, Unterstützung bei einem Freund oder professionellen Rat suchen.
- Reden Sie mit sich selbst, wie mit einem realen Gesprächspartner (Vorsicht: im Selbstgespräch neigen wir zu Stichwörtern), lassen Sie beide Seiten stets ausreden.
- Fällt es Ihnen schwer, als eine Person 2 Stimmen zu vertreten und diese beiden Seiten klar zu trennen, dann wenden Sie folgenden Trick an: Weisen Sie beiden inneren Sprechern reale Stühle zu und wechseln Sie jeweils den Platz.

# 2.2 – Hinweise: Ihre Antreiber

## Knüpfen Sie an Ihren Antreibern an

Manchmal führen wir die – verdeckte – Ursache unseres Stresses schon lange und häufig im Mund, bevor wir uns auch nur einen Gedanken darüber machen: So mancher Glaubenssatz treibt uns unbewusst an und in Verhaltensweisen, die wir bewusst gar nicht gutheißen würden. Beispiele:

„Ich muss das perfekt machen."

„Jetzt heißt's durchhalten."

Beobachten Sie sich daraufhin genau in Stresssituationen: Wie lautet Ihre Devise?

Und dann haken Sie bei sich selbst nach: Vielleicht denken Sie, die Aufgabe perfekt erledigen zu müssen. Doch das sollte Sie nicht daran hindern, ruhig zu bleiben. Warum sind Sie gestresst?

Um sich darüber Klarheit zu verschaffen, knüpfen Sie an Ihrem Gefühl und an Ihrem Glaubenssatz an, und ergründen Sie den Zusammenhang zwischen beiden.

Beispiel: „Ich bin gestresst, weil ..." – Beenden Sie den Satz: „Ich bin gestresst, weil ich das hier perfekt machen muss."

Knüpfen Sie wiederum bei der Begründung an: „Ich muss das hier perfekt machen, weil ..." – Beenden Sie den Satz. Vielleicht merken Sie gleich, was Sie aus dem Gleichgewicht gebracht hat: „Ich muss das hier perfekt machen, weil ich das von mir erwarte." – Weiter: „Ich erwarte das von mir, weil ich möchte, dass mein Vorgesetzter meine Arbeit anerkennt."

## Lassen Sie nicht locker: Fragen Sie immer weiter

Fragen Sie sich nach jeder Antwort wieder, warum bzw. ob Sie das stresst. Stresst Sie der Wunsch nach Anerkennung? – Weiter: „Ich möchte, dass mein

Vorgesetzer meine Arbeit anerkennt, weil ich fürchte, dass mein Arbeitsplatz gefährdet ist." – Aha!

Haben Sie den Stressauslöser gefunden, liegt die Anti-Stressstrategie oft schon auf der Hand. In diesem Beispiel würde Perfektionismus nicht dazu beitragen, den Stress abzubauen. Es gälte, die Unsicherheit über den Erhalt des Arbeitsplatzes zu klären.

## 2.3 – Klarheit durch Ihre Stresskarte

### Machen Sie die Stressursache sichtbar

Oft beruht ein Gefühl von starkem oder lang andauerndem Stress auf mehreren Faktoren: Mit der Zeit ist eins zum anderen gekommen. Oder ein einschneidendes Ereignis hat mehrere belastende Auswirkungen auf viele Lebensbereiche. Mit Ihrer persönlichen Stresskarte können Sie das Stressgemenge sortieren: Lesen Sie im Kasten auf der nächsten Seite, wie Sie Ihre Stresskarte anlegen.

### Achtung: Nehmen Sie sich nicht zu viel vor

Wenn Sie Ihre Stressmacher mittels Ihrer persönlichen Stresskarte ergründen, drängen sich etliche Gegenmaßnahmen geradezu auf: Sie haben auf Ihrem Blatt alles deutlich vor Augen. Zu vielen Ihrer Stichwörter werden Ihnen sofort Lösungsideen kommen.

Legen Sie dennoch nicht sofort los. Damit liefen Sie Gefahr, sich zu überfordern. Sie können nicht sofort alles ändern. Und es könnte sein, dass Sie zwar einige kleine Stressauslöser beseitigen, die entscheidenen Ihnen aber weiterhin das Leben schwer machen.

### Sie haben die Wahl

Wählen Sie aus Ihrer Stresskarte die Stressmacher aus, die Sie in den nächsten 4 Wochen in den Griff bekommen wollen:

Entscheiden Sie sich für 1 oder höchstens 2 der Stressursachen, die Sie nahe am Stresszentrum verzeichnet haben. Hier können Sie am wirkungsvollsten Stress abbauen, aber solche Stressfaktoren sind in der Regel am aufwendigsten zu bearbeiten. Denn Sie werden oft gerade deshalb als besonders kraftraubend empfunden, weil Änderungen nur schwer herbeigeführt werden können bzw. weil es so scheint.

Wählen Sie außerdem etwa 2 bis 4 Stressauslöser aus den Randzonen Ihrer Stresskarte zur Bewältigung aus. Denn „Kleinvieh macht auch Mist", aber diesen „Mist" können Sie wahrscheinlich recht leicht beseitigen. So verbessern Sie insgesamt Ihre Situation und motivieren sich – da die Erfolge schnell sichtbar werden – selbst dazu, konsequent dranzubleiben.

## 1., 2., 3., ...

So wird's gemacht:

1. Nehmen Sie sich ein großes Blatt Papier vor. Schreiben Sie in die Mitte des Blattes das Wort „STRESS". Damit bezeichnen Sie das Stresszentrum, also das größtmögliche Stressgefühl, das Sie haben. Von dort bis hin zu den Rändern nimmt der Stress ab.
2. Tragen Sie dann auf diesem Blatt alles ein, was bei Ihnen Stressempfindungen auslöst: Situationen, Tätigkeiten, Personen. Je massiver Sie den Stress empfinden, desto näher an der Blattmitte notieren Sie das entsprechende Stichwort. Je nichtiger der Stress Ihnen erscheint, desto näher an den Blatträndern notieren Sie das Stichwort. So würde beispielsweise ein aktueller Konflikt mit Ihrem Chef nahe dem Stresszentrum und die häufige Störung beim morgendlichen Zeitunglesen weit davon entfernt, nahe am Rand stehen. Wichtig ist, dass Sie alles, was Ihnen einfällt, auf dem Blatt verzeichnen.
3. Heben Sie besonders starke Stressoren farbig hervor.

Die im Mittelfeld aufgeführten Stressoren können Sie getrost vernachlässigen. Sie wandern mit der Zeit von selbst in die Mitte (wenn die dort angesiedelten Faktoren behoben sind) oder an den Rand (falls deren Bedeutung für Sie abnimmt).

### Gehen Sie auf sicheren Erfolgskurs

Bleiben Sie konkret mit Stift und Papier bei der Sache. Erstellen Sie zu jedem der ausgewählten Stressoren einen Aktionsplan. Schreiben Sie darin auf, was Sie wann tun wollen, um den Stress zu überwinden (ausführlich dazu siehe Kapitel 3, Seite 46).

## 2.4 – Führen Sie ein Stresstagebuch

### Werfen Sie einen Blick hinter Ihre eigenen Kulissen

Es lohnt sich, 2-3 Wochen lang ein Stresstagebuch zu führen: Wie Sie es anlegen, erfahren Sie im Kasten auf der nächsten Seite. Es ist einfach und äußerst ergiebig, was das Durchschauen der eigenen Stresssituation anbelangt.

Gerade, wenn Sie sich bereits längere Zeit gestresst fühlen, kann das Stresstagebuch genau das richtige Selbsterkenntnis-Mittel für Sie sein. Denn wahrscheinlich sind es mehrere Stressmacher, die Sie belasten. Zudem ist es oft schon entlastend, das akute Stressgefühl aufzuschreiben: Das ist immerhin schon eine Äußerung des Unwohlseins.

### Das finden Sie mit Ihrem Stresstagebuch heraus

1. Welche Situationen, Ereignisse oder Personen lösen bei Ihnen Stress aus?

**1., 2., 3., ...**

So wird's gemacht:

1. Nehmen Sie sich ein Blatt Papier im Querformat vor. Legen Sie für Ihr Stresstagebuch eine Tabelle mit 4 Spalten an. (Dies am Computer zu tun, wäre ungünstig, weil Ihnen das Tagebuch möglichst immer zugänglich sein sollte.)
2. Benennen Sie die Spalten von links nach rechts:
   1. Spalte: Stressauslöser
   2. Spalte: Uhrzeit
   3. Spalte: Stressreaktion
   4. Spalte: Stärke (1–3)
3. Beobachten Sie sich selbst über einen Zeitraum von 2 bis 3 Wochen: Führen Sie jede Stresssituation genau auf. Notieren Sie wirklich alles, was Sie als Stress empfinden, sowohl starke Stresssituationen als auch kleine, stressige Begebenheiten. In Ihr Stresstagebuch nehmen Sie also eine ärgerliche Wartezeit ebenso auf wie den großem Streit mit einem Kollegen. Für die genaue Bestandsaufnahme ist alles wichtig. Denn je genauer Sie über Ihre persönlichen Stressfaktoren Bescheid wissen, desto gezielter können Sie Maßnahmen zum Stressabbau einleiten.

Beispiele:

1. Stressauslöser: Warten, weil Tim wieder unpünktlich ist.
   Uhrzeit: 7.15–7.35
   Stressreaktion: Schlechte Laune, Schimpfen
   Stärke: 1
2. Stressauslöser: Streit mit Kollege Siemer
   Uhrzeit: 10.00–10.30
   Stressreaktion: Aggressivität, Wut
   Stärke: 3

In Ihrem Stress-Tagebuch notieren Sie detailliert, was Sie stresst, auch Begebenheiten, die Ihnen zu nichtig erscheinen. Übergehen Sie diese nicht länger, schlucken Sie es nicht mehr herunter. Denn damit ist der Stress nicht weg, sondern er liefert weiter Punkte auf Ihr Stresskonto.

2. Hängt das Stressgefühl mit bestimmten Tageszeiten zusammen?

Wenn Sie über 2-3 Wochen detailliert aufschreiben, zu welchen Zeiten und wie lange Sie sich gestresst fühlen, können Sie hinterher nachschauen, ob es Tageszeiten besonderer Stressanfälligkeit gibt. Das würde erheblichen Einfluss auf Ihre Maßnahmen zum Stressabbau haben.

Beispiel: Sie stellen fest, dass Sie vormittags zwischen 10 und 11 Uhr häufig Streit haben. Weil Sie die Uhrzeit so genau wissen, werden Sie nun nicht in erster Linie versuchen, Konflikte mit den aufgeführten Streitgegnern zu klären. Denn Sie erkennen, dass die eigentliche Ursache Ihr Bedürfnis nach konzentrierter Arbeitszeit ist (damit vormittags sicher schon mal was geschafft ist). Und wenn Ihnen da jemand dazwischenkommt, dann neigen Sie dazu, sich zu streiten. Lösung: Sie legen Ihre konzentrierte Arbeitszeit fest und teilen Ihren Kollegen mit, dass Sie in dieser Zeit nur in Ausnahmefällen gestört werden möchten.

3. Wie äußert sich bei Ihnen die Stressreaktion?

Notieren Sie Stichwörter zu Ihren Gefühlen und Ihrem Verhalten. Die Wahrnehmung Ihrer Stressreaktion hilft 2fach: Zum einen machen Sie sich bewusst, wie sehr ein Stressereignis an Ihnen zerrt. Das wird Ihnen helfen, die Wichtigkeit des Stressmachers einzustufen. Zum anderen zollen Sie sich damit selbst Achtung vor Ihren Gefühlen. Sie wenden sich Ihnen zu, machen damit den 1. Schritt, bald wieder ins Gleichgewicht zu finden.

4. Wie stark empfinden Sie den Stress?

Die Einstufung der Stressstärke auf einer Skala zwischen 1 und 3 gibt Ihnen anschließend den schnellen Überblick, welche Stressoren sehr und welche weniger belastend sind. Daraus leiten Sie ab, wo Sie ansetzen werden, Ihren Stress abzubauen.

## Die gesunde Mischung

Bei der Stressbewältigung sollten Sie sich keinesfalls gleichzeitig alle Stressmacher vornehmen. Stellen Sie sich jeweils für die nächsten 4 Wochen eine Mischung von 2 bis 4 geringfügigen Stressmachern (Stärke 1) und 1 oder maximal 2 starken Stressoren (Stärke 3) zusammen: Mit diesen werden Sie sich befassen. Bei den geringfügigen Stressoren werden Sie wahrscheinlich schnellen Erfolg bei der Stressbeseitung erzielen. Das motiviert Sie dazu, auch die manchmal schwierigen und langwierigen Schritte zu gehen, die es oft braucht, um eine starke Stressursache zu beheben.

Die Stressmacher der Stärke 2 können Sie sich anschauen, bevor Sie das nächste Mal auswählen, welche Stressoren Sie abbauen wollen: Erzeugt das Ereignis immer noch Stress bei Ihnen? Haben Sie eher starke oder geringe oder gar keine Stressempfindungen dazu? – Streichen Sie den Stressauslöser gemäß Ihren Empfindungen bzw. ordnen Sie ihm erneut die entsprechende Stressstärke zu. Je nachdem, was Sie entscheiden, rücken Sie den Stressmacher näher in oder weiter aus Ihrem Blick.

## Handeln Sie nach Plan

Schreiben Sie zu jedem ausgewählten Stressmacher auf, was Sie wann tun wollen, um den Stress abzubauen – in einen Aktionsplan, der es Ihnen erleichtern wird, konsequent am „Stressabbau-Ball" zu bleiben (ausführlich dazu siehe Kapitel 3, Seite 46).

### Nutzen Sie den Langzeiteffekt

Das Stresstagebuch ist nicht nur ein gutes Hilfsmittel, wenn Sie bereits in einer anhaltenden Stresssituation sind. Wenn Sie es stetig führen, kann es Ihnen helfen, dauerhaft in Ihrem Gleichgewicht zu bleiben. Sie erkennen einzelne Stressoren früh und können frühzeitig gegensteuern.

## 2.5 – Malen Sie's auf

### Keine Frage von Begabung

Auch durch „künstlerische" Betätigung können Sie dem Gedanken- und Gefühlsgemenge, das Stress herbeigeführt hat, Erkenntnisse entlocken. Dafür brauchen Sie keine besondere Begabung, sondern nur den Mut, Ihrer Kreativität freien Lauf zu gewähren. Denken Sie daran: Niemand schaut Ihnen zu, niemand wird später ein Urteil über Ihr Bild fällen. Sie malen nur für sich.

Beschaffen Sie sich Materialien, die Ihnen liegen – und wenn sie Ihnen auch nur aus lange zurückliegenden Zeiten vertraut erscheinen: Tuschkasten, großer Malblock. Los geht's. Malen Sie, was Ihnen gerade in den Sinn kommt.

Falls Sie lange nicht mehr gemalt haben, können Sie sich durch einen Trick den Anfang erleichtern: Stellen Sie sich eine Aufgabe. Gerade nicht das ganz große Ziel: „Ich male hier jetzt, was ich denke und fühle." Sondern nehmen Sie sich einfach vor, beispielsweise nur in Rottönen zu malen, ganz gleich was. Sie werden zunächst so konzentriert darauf sein, verschiedene Rottöne zu mischen, dass darüber Ihre inhaltlichen und künstlerischen Ansprüche in den Hintergrund treten. Wenn Sie dann ins Malen hineingefunden haben, dann können Sie die Einstiegsaufgabe als erledigt betrachten. Malen Sie in der Farbigkeit, die Sie gerade als passend empfinden. In einem solchen Bild werden Sie niemals alle Ihre Gedanken und Gefühle einfangen. Aber das, was Sie besonders beschäftigt, kann dabei zum Ausdruck kommen: ein wichtiger Problembereich oder ein Wunsch, eine Idee, ein Traum. Bei der Betrachtung können Sie daran anknüpfen und Einsichten über Ihre Stresssituation und vielleicht bereits auch über Lösungsmöglichkeiten gewinnen.

### Schreiben, tanzen, musizieren Sie lieber?

Holen Sie Ihr altes Instrument vom Dachboden. Oder stellen Sie sich die Musik an, die zu Ihrer Stimmung passt, und tanzen Sie. Erfinden Sie einen Text zu einer Ihrer Lieblingsmelodien und singen Sie „Ihr“ Lied. Schreiben Sie Ihre „Geschichte“ auf. – Auch diese Aktivitäten können überraschende Zusammenhänge und Einsichten hervorbringen.

Probieren Sie es aus. Und geben Sie nicht gleich nach dem 1. Versuch auf. Geben Sie sich mehrere Chancen, nicht nur durch Nachdenken, sondern auch durch aktives, kreatives Nachspüren mehr über sich zu erfahren.

## 2.6 – Entlarvt: Verborgene Motive

### So erkennen Sie innere Blockierer

Stress beruht häufig auf einem inneren Konflikt zwischen Wollen und Nicht-Handeln.

Beispielsweise möchten Sie in einem Bereich Ihres Lebens eine einschneidende Änderung vornehmen. Sie wollen aus der bestehenden Situation heraus, haben sogar Vorstellungen, wie die gewünschte Situation aussehen und wie Sie sie erreichen könnten. Aber Sie

unternehmen nichts. Und dieser Widerspruch stresst Sie zusätzlich zu den Bedingungen der bestehenden Situation.

Doch warum werden Sie nicht aktiv? Wer oder was hält Sie davon ab? – Mit der folgenden Mental-Übung können Sie das herausfinden.

## 1., 2., 3., ...

So wird's gemacht:

1. Suchen Sie einen ruhigen, ungestörten Ort auf und entspannen Sie sich.
2. Schließen Sie die Augen, denken Sie an den Bereich Ihres Lebens, den Sie ändern wollen (Sie wollen beispielsweise Ihren Job wechseln). Stellen Sie sich dann vor, wie Sie in 6 Monaten einer Ihnen wichtigen Person (einem guten Freund oder Ihrer Schwester zum Beispiel) von dieser Änderung erzählen und die Gründe dafür darlegen. Zeichnen Sie in Ihrer Vorstellung ein genaues Bild von der Situation. Sehen Sie sich, wie Sie beispielsweise mit der anderen Person spazieren gehen. Hören Sie, was Sie sagen und die Antworten und Nachfragen Ihres Gesprächspartners.
3. Spüren Sie Ihrem Gefühl bei dieser Vorstellung nach. Fällt es Ihnen leicht, von der Veränderung zu berichten? Teilt Ihr Freund oder Ihre Schwester Ihre Freude? Oder spüren Sie Unverständnis und Kritik?
4. Nach etwa 10 Minuten beenden Sie die kleine Zeitreise und kehren langsam wieder in die Realität zurück. Sie haben wahrscheinlich einiges über die Gründe für Ihr Nicht-Handeln bzw. Ihre Blockade erfahren. Reicht Ihnen das noch nicht aus, so berichten Sie – zunächst nur in Ihrer Vorstellung – auch anderen, für Sie wichtigen Personen über die bedeutsame Änderung in Ihrem Leben.

### So hilft Ihnen die gedankliche Zeitreise

Mithilfe der Übung stellen Sie fest, ob Sie selbst Bedenken oder Ängste vor der Veränderung haben, und welche das sind. Sie können dann Ihre Pläne entsprechend verbessern, sodass Sie selbstsicherer und damit handlungsfähig werden.

Und Sie verdeutlichen es sich, falls Sie fürchten, dass andere Sie für Ihr Handeln kritisieren könnten. Decken Sie den Widerstreit zwischen Ihren Bedürfnissen und den Bedürfnissen anderer, Ihnen nahestehender Personen auf. Dann wird es Ihnen möglich, ohne Stress und selbstbewusst Ihren Weg zu gehen.

## 2.7 – Auf der Spur: Klassische Motive

### Stress dauert meist länger, als wir denken

Wir haben ein natürliches Bedürfnis nach innerer Balance. Deshalb möchten wir nach einem akuten Stressereignis möglichst schnell wieder zum „normalen“ Alltag zurückkehren.

Ein aktuelles Stressereignis, beispielsweise einen Arbeitsplatzwechsel, nehmen wir zwar als stressig wahr, aber gleichzeitg neigen wir dazu, uns selbst zu beruhigen: „Das ist ja ganz natürlich, eben Einarbeitung und Umgewöhnung. In 3 Monaten sieht das schon ganz anders aus.“

Richtig, dann liegt dieses Ereignis schon ein wenig zurück. Aber: Es wirkt unterschwellig nach. Und das übersehen wir, während wir uns schon mit neuen Anforderungen und womöglich neuen Stress befassen.

Nach traurigen Ereignissen hoffen wir so sehr auf „die Zeit, die Wunden heilt“, dass wir uns gerne einreden, dass es jetzt schon so weit sei. Und bei freudigen Ereignissen, beispielsweise Familiennachwuchs, kommt es uns kaum in den Sinn, dass das Einstellen auf die neue Lebenssituation für alle Beteiligten Stress bedeutet.

So bleiben das Innehalten und die Bewältigung eines früheren Stressereignisses oft (weitgehend) aus. Es geht immer voran im „Stress-Express".

Eines Tages stellen wir dann vielleicht fest, dass wir „neben uns stehen": „Ich bin total gestresst, aber ich weiß gar nicht, warum." – Überlegen Sie, wenn es Ihnen einmal so geht, ob ein länger zurückliegendes Stressereignis Ihre Aufmerksamkeit erfordert!

## Was stresst Sie nachwirkend?

Die Stressforscher Prof. Dr. Thomas Holmes und Richard Rahe haben festgestellt, dass bestimmte Ereignisse in unserem Leben unterschiedlich starken Stress verursachen. Sie haben verschiedene Stressverursacher untersucht und hoher, mittlerer und geringer Stressbelastung zugeordnet.

Das Bemerkenswerte daran ist: Fast alle aufgeführten Ereignisse betreffen jeden von uns früher oder später in seinem Leben. All der Stress ist also völlig normal!

Erinnern Sie sich anhand der Checkliste auf der folgenden Seite: Betraf Sie eines der aufgeführten Ereignisse in letzter Zeit bzw. in den letzten 12 Monaten?

Nehmen Sie sich für die Rückschau etwas Zeit. Betrachten Sie jeden einzelnen Stressor, gerade auch diejenigen Ereignisse, bei denen es uns leichter fällt, sie zu verdrängen: „War da nicht dieser Ärger mit den Verwandten? Wie lange liegt die Auseinandersetzung mit dem Chef eigentlich zurück? Die Rückzahlung des Darlehens läuft. Aber was macht das jetzt mit mir? Welche sind meine Gefühle dazu?" Und bedenken Sie: Sogar länger zurückliegende Ereignisse, und auch freudige, wie der Einzug in das neue Haus vor 2 Jahren, können für das zurückliegende Jahr, auf das Sie blicken, noch eine Stressbelastung für Sie bedeutet haben.

## Checkliste

Welche der aufgeführten Ereignisse betrafen Sie im Verlauf der letzten 12 Monate?

**Hohe Stressbelastung – entstanden durch:**

- ❍ Tod des Lebenspartners/der Lebenspartnerin
- ❍ Scheidung oder Trennung von dem/der Lebenspartner/in
- ❍ Tod einer/s nahen Verwandten

**Mittlere Stressbelastung – entstanden durch:**

- ❍ Ernste Krankheit
- ❍ Verlust des Arbeitsplatzes
- ❍ Ruhestand
- ❍ Tod einer Freundin/eines Freundes
- ❍ Hohes Darlehen
- ❍ Größere Umorganisation am Arbeitsplatz, Arbeitsplatzwechsel
- ❍ Häufiger Ehestreit
- ❍ Sexuelle Schwierigkeiten
- ❍ Heirat oder Familiennachwuchs

**Geringe Stressbelastung**

- ❍ Besondere persönliche Leistungen
- ❍ Ärger mit Verwandten
- ❍ Finanzielle Probleme/kleinere Darlehen
- ❍ Wohnungswechsel
- ❍ Ärger mit Vorgesetzten
- ❍ Veränderte Arbeitsbedingungen/Lebensumstände
- ❍ Änderung der Essgewohnheiten, des Schlafverhaltens

## Ihr Gewinn liegt in der Selbsterkenntnis

Haben Sie festgestellt, dass und welche vergangenen Ereignisse heute noch belastend auf Sie wirken?

Gut, damit haben Sie den entscheidenen Schritt getan. Sie brauchen jetzt nichts zu tun – jedenfalls nichts im Sinn von Gegenmaßnahmen ergreifen, Aktionsplan erstellen.

Beispielweise haben Sie sich vor einem halben Jahr von Ihrem Lebenspartner getrennt und sind umgezogen. Alles Notwendige dafür ist längst getan.

Doch befassen Sie sich weiterhin intensiv mit der neuen Situation. Verdrängen Sie die Ereignisse nicht. Halten Sie sich nicht in einer Scheinnormalität auf. Sondern spüren Sie Ihren neuen, auch den ganz aktuellen Gefühlen und Gedanken zu der Trennung und der neuen Wohnung nach. So können Sie sich darauf einstellen und sich selbst darin sehen und „kennenlernen". Sie können Ihre Bedürfnisse, Fähigkeiten, Grenzen und Chancen erkennen.

Damit kommen Sie gerade nicht zurück zu einer wie auch immer gedachten abstrakten „Normalität". Sondern Sie „vertragen" sich mit dem Geschehenen und kommen wieder zu sich selbst und so zu Ihrem persönlichen inneren Gleichgewicht.

## Eins nach dem anderen

Trauen Sie sich wieder einmal, sich den vergangenen Ereignissen zuzuwenden – auch wenn sie sehr traurig, ärgerlich oder belastend waren. Nehmen Sie sich jedoch nur jeweils eines der Ereignisse, die Sie auf der Liste als zutreffend für sich angezeichnet haben, vor. Das ist ja der Vorteil, dass Sie bereits etwas Abstand haben, dass nichts Dringliches zu tun ist: Sie können sich mit dem Stress befassen, wann Sie wollen und so viel Sie wollen. Wichtig ist nur, dass Sie es tun!

Dabei kann es übrigens durchaus geschehen, dass Sie positive Überraschungen erleben.

Beispielsweise lassen Sie sich erstmals seit Monaten wieder den Ärger mit Ihrer Schwester und dem Schwager durch den Kopf gehen. Sie hatten damals, um der Belastung zu entgehen, abrupt „einen Strich darunter gezogen" und sich nicht mehr bei der Schwester gemeldet. Das ist nun schon lange her. Vielleicht sehen Sie einiges heute anders. Oder Ihre Gefühle zu dem Geschehen haben sich verändert. Womöglich verspüren Sie sogar Lust, den beiden mal wieder eine Karte zu schreiben, ein kleines Zeichen zu setzen.

## 2.8 – Die 4-Augen-1-Mund-Technik

### Lassen Sie sich beim Wort nehmen

Fällt es Ihnen schwer, allein die Stressursachen zu erforschen? Vielleicht sind Sie ungeduldig, unkonzentriert oder möchten einfach mit dem bedrückenden Gefühl und aufwühlenden Gedanken nicht allein sein? Dann lassen Sie sich von einer Ihnen nahestehenden Person beim Erkennen Ihrer Stressmacher unterstützen.

### Bitten Sie eine Person Ihres Vertrauens um Hilfe

Wenden Sie sich an eine Person, der Sie wirklich vertrauen. Sagen Sie dieser Person, worum es Ihnen geht: Sie möchten erkennen, was hinter den Stressgefühlen steckt, die Sie seit einiger Zeit belasten. Dazu möchten Sie etwa eine Viertelstunde lang ein Gespräch mit der Vertrauensperson führen, natürlich ungestört, in Ruhe, ohne Zeitdruck. Es sollte auch etwas länger dauern dürfen, wenn es denn so kommt.

## Vereinbaren Sie ein „einseitiges Gespräch“

Erklären Sie der Person Ihres Vertrauens, wie Sie sich den Ablauf des „Gesprächs“ vorstellen:

Sie erzählen der Person etwa eine Viertelstunde lang, was Ihnen zu Ihrem Stressgefühl einfällt. Und die andere Person hört nur zu; deren Gefühle, Hinweise oder verbale Hilfe ist jetzt nicht gefragt.

Vereinbaren Sie darüber hinaus, dass Sie das Gesagte hinterher nicht diskutieren. Es geht nicht um gut oder böse, falsch oder richtig, auch nicht um weiterführende Unterstützung oder mögliche Folgen oder Aktivitäten. Es geht nur darum, dass es Ihnen – nicht der anderen Person! – gelingt, den Ursachen des Stresses auf die Spur zu kommen.

## Erzählen Sie, was Ihnen gerade einfällt

Beginnen Sie das „Gespräch“ dann mit einem Begriff: Stress.

Fügen Sie dann weitere Sätze oder auch nur Stichworte an. Sprechen Sie alles aus, was Ihnen dazu durch den Kopf geht. Wie Sie wollen: Ihre Erzählung braucht keine Gliederung, keinen logischen Aufbau, keine stilistische Schönheit und keine gute Wortwahl. Sagen Sie, was Ihnen einfällt, so, wie es Ihnen einfällt.

Nach einer Weile werden Sie merken, dass Sie einen Gedanken oder ein Thema immer wieder aufgreifen. Sie kommen immer wieder dort an oder lassen es überhaupt nicht mehr los: Sie sind bei einer der Ursachen für Ihr Stressgefühl angelangt.

Das macht sich dann wahrscheinlich auch durch eine Art Erleichterung bemerkbar. Selbst wenn Sie auf diese Weise ein leider nicht ganz kleines Problem entdecken: Es tut gut, es endlich auszusprechen. Und: Haben Sie die Stressursache auf diese Weise erst einmal erkannt, dann ist bereits der 1. Schritt zur Bewältigung des Stresses getan!

# 3. So besiegen Sie den Stress

# 3.1 – Schluss mit der Überforderung

## Wenden Sie sich Ihrem Leitthema zu

Wer so gestresst ist, dass ihm alles über den Kopf wächst, der kann nichts mehr aufnehmen. Sind Sie in einer solchen Situation, dann schaffen Sie als Erstes einen wirksamen Schutz gegen weiteren Kräfteverschleiß. Und konzentrieren Sie sich dann nur auf Ihr Leitthema.

## Je früher, desto besser

Hinsichtlich unserer Belastbarkeit können wir selbst unsere Möglichkeiten und Grenzen am besten erkennen – wenn wir den Bogen nicht schon überspannt haben und jenseits aller Selbstwahrnehmung angekommen sind.

Gehen Sie achtsam mit sich um. Je früher Sie Stress- und Überforderungszeichen bei sich bemerken, desto früher können Sie gegensteuern. Nutzen Sie die Checkliste im Kasten auf der folgenden Seite: Erkennen Sie bereits Anzeichen von Überforderung bei sich?

Wenn wir uns überfordert fühlen, fällt es uns oft schwer, die Anzeichen wahrzunehmen. Versuchen Sie, wenn Sie sich sehr oder bereits seit längerem gestresst fühlen, mit Ihrem Partner oder einem nahen Freund oder einer Freundin über Ihre Gefühle zu sprechen. Und versuchen Sie auch, die Wahrnehmung solcher Ihnen nahestehender Personen mit einzubeziehen.

Beispielsweise beschwert sich Ihr Sohn: „Mama, du sagst seit Wochen, dass du das später entscheidest. Wann sagst du mir endlich, ob ich in den Ferien mit den Freunden wegfahren darf oder nicht?“ Und Ähnliches kommt nicht nur 1-mal, sondern häufig vor.

### Checkliste

Überprüfen Sie sich hinsichtlich dieser Anzeichen von Überforderung:

- Verminderte Genüssfähigkeit und Interessenverlust
- Zunehmender Zeitbedarf für die Erledigung von Routineaufgaben
- Zunehmende Schwierigkeiten zu entscheiden, auch bei einfachen Dingen
- Körperliches Unbehagen, zunehmende Ermüdbarkeit und Angespanntheit, Vergesslichkeit, auch Schlafstörungen, negative Veränderungen im Essverhalten
- Häufung „dummer" Fehler, zunehmendes Vertagen unerledigter Aufgaben
- Sinnverlust bzw. die Unfähigkeit, zwischen alltäglichem Handeln und Lebenszielen einen Zusammenhang herzustellen

Im Stress versuchen wir verständlicherweise gern, solche Kritik (hier den Vorwurf mangelnder Entscheidungsfähigkeit, ein Anzeichen von Überforderung – siehe Checkliste) zur Seite zu schieben. Besser ist es jedoch, sie ernst zu nehmen. Womöglich gibt sie uns den entscheidenden Hinweis, endlich gegenzusteuern.

## Sie können gegensteuern

Selbst wenn sich sehr viel Stress angesammelt hat, sind Sie nicht hilflos. Im Kasten auf der folgenden Seite lesen Sie, wie Sie in 5 Schritten wieder zu Ihrem Leitthema und zu sich finden können.

## 1., 2., 3., ...

So wird's gemacht:

1. Verlassen Sie das Hamsterrad Ihrer täglichen Routinen.

   Machen Sie Pause! Jetzt. Vielleicht genügt ein freier Tag oder ein freies Wochenende. Vielleicht brauchen Sie Urlaub oder müssen sich notfalls krankschreiben lassen. Tun Sie es. Verschieben Sie diese Pause nicht mehr! Und dann unternehmen Sie zuerst etwas, damit Sie sich körperlich wohler fühlen: Sie nehmen ein Bad, machen einen Spaziergang, gehen in die Sauna oder gönnen sich sogar ein Wellness-Wochenende. Tun Sie, was Ihnen guttut.

2. Fragen Sie sich: Was ist im Augenblick mein Hauptthema?

   Es geht darum, dass Sie Ihren Hauptstressauslöser in den Blick nehmen. Übungen und Tipps, wie Sie diesen erkennen können, haben wir Ihnen im 2. Kapitel vorgestellt. Dabei kann es sich um eine bestimmte Aufgabe, um eine zu treffende Entscheidung oder um ein zu bewältigendes belastendes Ereignis handeln oder auch um ein Grundgefühl wie Einsamkeit oder Verlustangst. Entscheiden Sie, welches Ihr Hauptthema im Augenblick ist.

3. Überlegen Sie sich zu dem Thema maximal 5 Aktivitäten.

   Beispiel: Einsamkeitsgefühl: Ich rufe meine Freundin an. Ich lese noch einmal meine Geburtstagspost. Ich lade eine Kollegin zum Kaffee ein. ... Notfalls genügt ein einziger Punkt auf der Liste.

4. Werden Sie aktiv.

   Wiederholen Sie im Wechsel eine Entspannungsaktivität (siehe 1.) und eine zielgerichtete Aktivität (siehe 3.) so lange, bis Sie merken, dass es Ihnen wenigstens ein bisschen besser geht.

5. Suchen Sie sich gebenenfalls Unterstützung.

   Falls Sie Ihr „Hauptthema" nicht allein finden können oder bei Punkt 3 oder 4 scheitern, kann ein Freund oder Ihr Lebensgefährte hilfreich sein oder auch professioneller Rat durch einen Psychologen bzw. Pschotherapeuten.

Halten Sie sich an die Schritte, bleiben Sie bei dem Vorgehen: vom 1. zum 2. zum 3. zum 4. und eventuell zum 5. Schritt. Besonders zwischen dem 1. und 2. Schritt fällt das Dranbleiben vielen Menschen schwer: Die Pause, die sie sich sonst selten oder nie gönnen, gibt kurzfristig Kraft und verleitet leicht dazu, weiterzumachen wie bisher. Machen Sie es anders, machen Sie den 2. und die folgenden Schritte, damit Sie nicht nur zu einer kurzfristigen Stressruhe gelangen, sondern sich wirklich von dem Stress befreien.

### Bleiben Sie aufmerksam

Durch dieses Vorgehen können Sie sogar Gefühle von starkem Stress oder auch von Überforderung überwinden. Sie fühlen sich wieder kräftiger und können alles mit etwas mehr Ruhe betrachten.

Kehren Sie dann nicht wieder zurück zu den alten Routinen und Verhaltensweisen, die Sie ja letztlich in den Stresszustand gebracht haben. Sondern wenden Sie sich Ihren Stressmachern zu. Seien Sie bereit, bestimmte Verhaltensweisen zu ändern und eventuell auch in einigen Bereichen Ihr Leben neu zu gestalten.

## 3.2 – Erstellen Sie Ihren Aktionsplan

### Stressbewältigung nach dem Motto „weniger ist mehr“

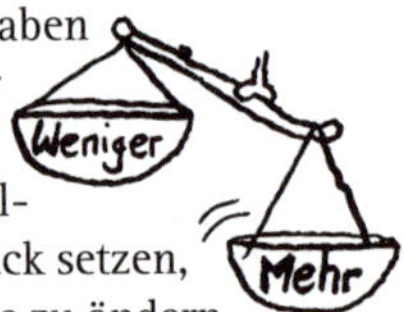


Sie kennen Ihre Stressmacher. Vielleicht haben Sie durch die Stresskarte (siehe Seite 27) oder das Stresstagebuch (siehe 29) mehrere Stressauslöser erkannt? – Es würde Ihnen kaum helfen und Sie eventuell gleich wieder unter Druck setzen, wenn Sie sich jetzt vornähmen, ab sofort alles zu ändern. Das könnten Sie nicht schaffen: Wenn Sie nicht nur ein bestimmtes aktuelles Ereignis stresst, sondern Ihre Stressgefühle durch mehrere Stressmacher ausgelöst wurden, dann haben diese sich nach und nach angestaut. Gewähren Sie es sich, diese ebenso nach und nach zu bewältigen. Damit werden Sie sicher Erfolg haben – darauf können Sie sich verlassen.

Und mit dem Vertrauen, sich bei dem eigenen Stressmanagement auf sich selbst und den Erfolg verlassen zu können, kommen Sie auch über Phasen der Stressbewältigung, in denen Sie sehr konsequent und/oder geduldig sein müssen.

Konzentrieren Sie sich bei der Stressbewältigung also jeweils auf einige wenige Stressmacher. Haben Sie die aus der Welt geschafft, dann können Sie sich den nächsten zuwenden.

## Legen Sie Ihre persönlichen Anti-Stressmaßnahmen fest

Nur durch Ihr Handeln können Sie den Stress bewältigen. Doch wie leicht bringt uns der Alltagsstress davon ab, wirklich etwas gegen unsere Stressmacher zu unternehmen. Und es ist ganz natürlich, dass wir auch nicht immer Lust verspüren, uns mit den unangenehmen Seiten unseres Lebens zu befassen. Erleichtern Sie sich das „Dranbleiben“: Erstellen Sie – schriftlich – einen Plan, was Sie in den nächsten 4 Wochen wann gegen den Stressmacher unternehmen wollen.

### 1., 2., 3., ...

So wird's gemacht:

1. Notieren Sie auf einem großen Blatt untereinander die Stressfaktoren, die Sie in den nächsten 4 Wochen bearbeiten wollen. Beschränken Sie sich auf maximal 2 Ihrer Stressmacher, die Sie als sehr stark empfinden, und auf zusätzlich maximal 2 bis 4, über die Sie meinen, dass es Ihnen nicht sehr schwerfallen wird, sie zu bewältigen.
2. Schreiben Sie zu jedem aufgeführtenStressfaktor jeweils rechts daneben die Maßnahmen, die Sie ergreifen wollen.
3. Legen Sie rechts daneben in einer 3. Spalte Ihre Termine fest: Wann und bis wann werden Sie jede einzelne Maßnahme innerhalb der nächsten 4 Wochen umsetzen?

## Mit detaillierter Planung auf sicherem Erfolgskurs

Sie haben sich 2 leichte und 2 stärkere Stressmacher ausgesucht. In Ihrem Aktionsplan sollten die Maßnahmen dazu so detailliert aufgeführt werden, dass Sie den Plan wirklich als Wegweiser für Ihr Handeln nutzen können. Sie müssen dann nicht immer wieder über das Ob und Wie nachdenken, wenn Sie sich an die Umsetzung machen: Statt Gefahr zu laufen, ins Grübeln zu verfallen, werden Sie dann zum gesetzten Termin umgehend aktiv.

Beispiele: Sie haben ständige Störungen durch Ihre Kinder beim Zeitungslesen als einen alltäglichen Stressmacher festgestellt. Dazu ist Ihnen ein einfache Gegenmaßnahme eingefallen. Sie notieren in der mittleren Spalte: „Lesen, wenn die Kinder aus dem Haus sind, 7:45-8:15 Uhr." Und daneben schreiben Sie: „Ab morgen". – Durch das präzise Aufschreiben verwandeln Sie Ihr Vorhaben gleichsam zu einer Vereinbarung mit sich selbst. Ab morgen wird es genau so geschehen.

Als starke Stressbelastung haben Sie die häufigen Auseinandersetzungen mit Ihrer Lebensgefährtin wegen zu wenig gemeinsamer Zeit aufgeführt. Als Gegenmaßnahmen notieren Sie: „Gespräch mit Ulli/Vorschlag, dass wir beide Prioritäten erarbeiten und feste gemeinsame Zeiten vereinbaren" und legen dazu in der Terminspalte „Samstag, 4.8." fest. Außerdem schreiben Sie auf: „Prioritäten erarbeiten/beide", Termin „bis Samstag 11.11.". Schließlich notieren Sie: „Prioritäten mit Ulli austauschen, gemeinsame Termine festlegen", Termin „Samstag 11.11.". – Damit haben Sie nicht nur für sich einen klaren Fahrplan, sondern auch eine gute Gesprächsvorbereitung für das anstehende Gespräch: Sie haben sich selbst bereits vor Augen geführt, dass es auch für dieses heikle Thema eine Lösung gibt. Sie sind schon auf dem guten Weg zum Erfolg. Es wird leicht sein, statt in Streit zu geraten, die Lebensgefährtin auf diesen Weg mitzunehmen.

### Führen Sie sich konsequent zum Erfolg

Setzen Sie Ihren Aktionsplan wirklich um. Und dann nehmen Sie sich nach Ablauf der 4 Wochen die nächsten 3 bis 6 Stressmacher vor: Beseitigen Sie sie auf dieselbe Art aus Ihrem Leben. So bekommen Sie schrittweise, aber nachhaltig Ihren Stress in den Griff.

## 3.3 – Setzen Sie sich „gute“ Ziele

### Gutes Zielmanagement führt zu Stressabbau

Durch Ihren Aktionsplan bewältigen Sie konkreten Stress: Sie legen zielgerichtet einen Streit bei oder bekommen Ihre Angstgefühle wegen eines Arzttermins in den Griff, indem Sie genaue Informationen einholen.

Doch oft können wir Stress gar nicht an einem aktuellen Ereignis festmachen: Wir sind gestresst, weil etwas nicht geschieht.

Beispielsweise sind Sie seit langem unzufrieden mit Ihrer Arbeit. Sie wünschen sich mehr Herausforderungen, hoffen, dass Ihnen ein neuer Arbeitsbereich übertragen wird. Immer öfter denken Sie daran, eventuell den Arbeitsplatz zu wechseln. Aber Sie verspüren Unsicherheit: „Bei dem heutigen Arbeitsmarkt ...“ Immer mehr fühlen Sie sich in einer Falle. Es geht nicht voran. Und das stresst Sie.

Auch in einem solchen Fall kann nur Ihr Handeln Sie aus dem Stress herausführen: Zwar können Sie keine Gegenmaßnahme gegen ein Ereignis einleiten. Das gewünschte Ereignis ist ja gerade nicht eingetreten. Also müssen Sie aus sich heraus die Dinge in Bewegung bringen: Setzen Sie sich ein Ziel!

### Formulieren Sie Ihr Ziel präzise

Die Art und Weise, wie Sie Ihr Ziel formulieren, hat erheblichen Einfluss auf Ihre Aussichten, das Ziel wirklich zu erreichen. Und es hängt auch von Ihrer Zielformulierung ab, ob Sie mehr oder weniger leichtfüßig den Weg zum Ziel zurücklegen.

Mit den Tipps im Kasten auf der nächsten Seite bringen Sie sich durch Ihre Zielformulierung in die beste Startposition: Sie formulieren zielführend, das heißt so, dass Sie Handlungen daraus ableiten können.

## Einfacher Plan – leichter Weg

Wenn das Ziel auch sehr anspruchsvoll sein kann – Ihr Umsetzungsplan sollte nicht zu anspruchsvoll sein. Das heißt: Er darf Sie zeitlich nicht überfordern und nicht zu kompliziert sein. Er sollte machbar und einfach sein.

Listen Sie die Schritte, die Sie zur Zielerreichung machen müssen, auf – und zwar maximal 7. Es können auch weniger, aber nicht mehr als 7 Schritte zum Ziel sein. Das ist Ihr Schutz vor Unübersichtlichkeit, Verzettelung und Demotivation. 7 Etappen zum Ziel können wir überschauen und wahrscheinlich sogar im Kopf behalten.

Setzen Sie sich für die 7 Schritte Termine: Schreiben Sie sich in Ihren Wochen-, Monats- und Jahresplan, wann Sie jeden der 7 Schritte tun und erledigt haben wollen.

Machen Sie jeweils etwa 4 Wochen bevor der nächste Schritt ansteht den Detailplan für die Erledigung. Er enthält wiederum maximal 7 Schritte. Für jeden einzelnen dieser Schritte können Sie, falls es sich um ein sehr komplexes Vorhaben handelt, wieder den Detailplan machen, wenn er ansteht.

Auf diese Weise schützen Sie sich davor, vieles gleichzeitig zu tun und anzuschieben, aber für das Vordringliche und Wesentliche zu wenig Zeit und Konzentration aufzubringen. Was noch nicht dran ist, darum kümmern Sie sich noch nicht – zugunsten dessen, was Sie jetzt zu tun haben.

## Tipps

Hier noch ein paar Tipps:

- Machen Sie Ihr Ziel kontrollierbar!
  Beispiel: Sie wünschen sich neue berufliche Herausforderungen. Dabei geht es nicht darum, dass Sie weiter wünschen und hadern: „Warum gibt man mir keine interessanten Aufgaben?“ Sie wollen etwas dafür tun. Also fügen Sie in Ihre Formulierung Erfolgskriterien ein: „Ich möchte im Laufe des nächsten halben Jahres das Projektmanagement für xy übertragen bekommen und dafür die bisherigen Aufgaben yz abgeben.“ In solch einer Formulierung sind Kriterien enthalten, an denen Sie für sich erkennen können, ob Sie Ihren Beitrag zur Zielerreichung leisten. Und Sie können Ihre Aktivitäten daraus ableiten.
- Formulieren Sie Ihr Ziel konstruktiv!
  Sie beschreiben nicht den Zustand, den Sie vermeiden oder ändern wollen: „Ich möchte mich nicht mehr mit all diesen Routineaufgaben abgeben.“ Sondern Sie beschreiben den Zustand, den Sie erreichen wollen. Das formulierte Ziel zeigt bereits einen möglichen Weg auf, den Sie gehen können und führt zu konkreten Handlungen.
- Formulieren Sie Ihr Ziel eindeutig!
  Durch Ihre Formulierung machen Sie den Weg zum Ziel komplizierter oder einfacher. Sie können daran scheitern, dass Sie das Ziel zu allgemein gefasst haben, beispielsweise: „Ich möchte neue Aufgaben bekommen.“ Damit können Sie sich einen Berg neuer Arbeit einhandeln, die Ihnen gar nicht liegt. Oder Sie haben zu viele Erfolgskriteren aufgeführt, sich ein kompliziertes Mehrfachziel gesetzt.
  Überlegen Sie also vorab, woran Sie Ihren Erfolg festmachen wollen. Entscheiden Sie sich zugunsten der Einfachheit und Machbarkeit für möglichst wenige, aber mindestens 1 Kriterium für Ihre Erfolgskontrolle.

### Vorsicht, drehen Sie sich nicht im Kreis!

Sie setzen sich das Ziel und wollen es umsetzen, um einen Stressfaktor aus Ihrem Leben herauszubekommen bzw. etwas in Ihrem Leben zu ändern.

Ändern Sie sofort auch etwas anderes: Streichen Sie eine oder mehrere Ihrer bisherigen Aktivitäten. Denn für die Zielumsetzung benötigen Sie Zeit. Die schenkt Ihnen niemand. Sie können sie nur bekommen, indem Sie auf anderes, was Sie bisher gemacht haben, verzichten.

Versuchen Sie nicht, das neue Ziel zusätzlich zu allen bisherigen Aufgaben und Tätigkeiten in Ihrem Zeitplan unterzubringen. Das würde Ihnen nur neuen Stress einbringen. Sie könnten mit der Zielerreichung vollständig scheitern oder nur sehr schleppend und mühsam auf Ihrem Weg vorankommen. Tun Sie sich das nicht an. Sondern verschaffen Sie sich für die Umsetzung Ihres neuen Ziels überlegt Zeit: Auf welche Aktivitäten können und wollen Sie zugunsten des Stressabbaus bzw. des neuen Ziels verzichten?

## 3.4. – Los-geht's-Energie von innen

### Kraft zu neuer Aktivität – obwohl gerade alles zu viel erscheint

Haben Sie Ihre Stressmacher erkannt, dazu eine Gegenstrategie entwickelt und Ihren Anti-Stressaktionsplan erstellt? Dann fehlt nur noch eins: Sie müssen aktiv werden, Sie müssen die ersten Schritte gehen.

Doch wer im Stress ist, wem ohnehin alles zu viel erscheint, dem erscheint jeder kleine Schritt und ganz und gar eine größere Veränderung in seinem Leben besonders schwer oder unmöglich zu sein. Mit der Mental-Übung, die Prozessimagination, können Sie sich selbst auf den Weg bringen.

## Was heißt eigentlich „mental"?

„Mental" bedeutet „geistig". Da „geistig" im alltäglichen Sprachgebrauch lange Zeit vorrangig das logische und rationale Denken bezeichnete, hat sich die Verwendung von „mental" durchgesetzt, um zu betonen, dass alle geistigen Prozesse, also auch die der Intuition, Assoziation, und alle psychischen Prozesse gemeint sind.

Für Ihre Möglichkeiten des erfolgreichen Selbstmanagements und ebenso Ihres Stressmanagements können Ihre mentalen Fähigkeiten ein wichtiger Schlüssel sein – der Ihnen umso leichter Türen öffnen kann, je mehr Erfahrung Sie mit Mental-Übungen haben. – Also: Ausprobieren und trainieren bringt Sie hier weiter!

## So hilft Ihnen die Prozessimagination

Das Prinzip der Prozessimagination ist, dass Sie mental Schritt für Schritt den Prozess durchlaufen, bevor Sie ihn in die Praxis umsetzen. Sie stellen es sich gedanklich genau und intensiv vor, wie Sie Ihre geplante Anti-Stressmaßnahme erfolgreich verwirklichen. Eine solche mentale Vorbereitung kann beispielsweise Sportlern helfen, ihre motorischen Fähigkeiten zu verbessern. Sie erhöht aber auch die kreativen Fähigkeiten für Problemlösungen und die Motivation.

Die positive Wirkung der Prozessimagination liegt in Folgendem:

1. Während Sie gedanklich den Prozess durchlaufen, können Sie quasi probeweise Widerstände – sowohl innere als auch äußere – überwinden.

2. Sie können Hürden auf dem Weg vorab erkennen und Ideen entwickeln, wie Sie diese nehmen.

3. Der gedanklich erlebte Erfolg motiviert Sie zur Umsetzung Ihrer Vorstellung in der Realität. Er gibt Ihnen die nötige Energie.

Lesen Sie auf der nächsten Seite, wie es funktioniert, und probieren Sie es gleich einmal aus.

## 1., 2., 3., ...

In unserem Beispiel geht es darum, dass Sie Ihren Arbeitstag so umstrukturieren, dass Sie regelmäßig um 18 Uhr Ihr Büro verlassen können und das ab nächster Woche auch tun. Ersetzen Sie die hier genannten Personen und Umstände durch diejenigen, die für Ihr Vorhaben wichtig sind.

So wird's gemacht:

1. Nehmen Sie sich etwa 20 Minuten Zeit. Begeben Sie sich an einen für Sie angenehmen Ort. Entspannen Sie sich, setzen oder legen Sie sich bequem hin. Schließen Sie die Augen, atmen Sie einige Male tief durch. Dann beginnen Sie mit der Imagination.

2. Sie stellen sich vor, wie Sie Ihr Vorhaben umsetzen – in dem Beispiel, wie Sie Ihren Arbeitstag planen: *Sie sehen sich am Samstag, wie Sie Ihren Wochenplan erstellen. Sie tragen den täglichen Arbeitsbeginn für 9 Uhr statt wie bisher 9:30 Uhr ein. Ihr Arbeitsende tragen Sie für 18 Uhr ein. Sehen Sie sich selbst, wie Sie dies für jeden Tag eintragen. Dabei fällt Ihnen auf, das eine wöchentliche Teamsitzung immer erst um 17 Uhr beginnt. Sie notieren sich in Gedanken „Gespräch über Verlegung der Sitzung“.*

   Dann sehen Sie sich selbst, wie Sie in der Teamsitzung das Thema sicher vorbringen: *Sie hören sich selbst zum Abschluss der Sitzung sagen: „Ich schlage vor, dass wir uns künftig schon um 16 Uhr treffen. Wir erlangen dadurch die Flexibilität, in dringenden Fällen weiterhin länger als 1 Stunde zu tagen, ohne dass dadurch die Abendplanung von jedem von uns kurzfristig beeinflusst wird.“* Hören Sie die Einwände der anderen, hören Sie, wie Sie selbst argumentieren und wie sich alle schließlich auf 16 Uhr einigen. Spüren Sie, wie Sie sich über den Erfolg freuen.

   Dann stellen Sie sich Ihren Arbeitstag vor: *Sie sehen sich, wie Sie morgens eine halbe Stunde früher aus dem Haus gehen und um 9 Uhr in Ihrem Büro eintreffen. Sie beginnen zu arbeiten ...*

**1., 2., 3., ...**

*... Um 15 Uhr stellen Sie fest, dass Sie aufgrund unvorhersehbarer Ereignisse völlig aus dem Zeitplan geraten sind. Der Gedanke, dass Sie dann eben abends länger bleiben, schießt Ihnen kurz durch den Kopf. Aber halt: Sie verschieben eine weniger wichtige Aufgabe auf den nächsten Morgen. Denn derzeit ist Ihnen die Gewöhnung an Ihren regelmäßigen Arbeitsschluss am wichtigsten. ... Schließlich sehen Sie sich, wie Sie um 17:45 Uhr Ihren Schreibtisch ordnen, ohne Eile, aber pünktlich um 18 Uhr Ihr Büro verlassen und um 18:30 Uhr zu Hause eintreffen. Spüren Sie dem guten Gefühl, dass Sie es geschafft haben, eine Weile nach.*

3. Beenden Sie Ihre Imagination: Bleiben Sie einige Minuten entspannt sitzen, räkeln und recken Sie sich, und kehren Sie allmählich in die Realität zurück.

## 3.5 – Noch mehr Power von innen

### Stellen Sie sich vor, Sie hätten es schon geschafft

Die Ergebnisimagination funktioniert ähnlich wie die Prozessimagination: Durch Ihre genaue Vorstellung beeinflussen Sie Ihre eigene Haltung zu Ihrem Vorhaben positiv.

Bei dieser Übung stellen Sie sich intensiv vor, wie schön es wäre, wenn Sie ein gewünschtes Ziel bereits erreicht hätten. „Hätte ich das bloß schon hinter mir“ – das denken wir so oft, wenn uns eine Herausforderung bevorsteht. Malen Sie sich in diesen Gedanken in der Mental-Übung genau aus: Sehen und hören Sie sich und Ihnen wichtige Personen in Situationen und Gesprächen, die stattfinden, nachdem Sie die Aufgabe erfolgreich erledigt haben.

## So hilft Ihnen die Ergebnisimagination

1. Infolge Ihrer mentalen Ausrichtung auf das Ziel wird Ihr reales Verhalten ebenfalls auf die Umsetzung des Ziels bzw. die Erledigung der Aufgabe ausgerichtet.

2. Die fantasievolle Entwicklung Ihrer Ergebnisimagination setzt voraus, dass Sie wissen, was Sie erreichen wollen – oder dies während der Übung entwickeln. Haben Sie statt der Mühe dann das Ziel vor Augen, sind Sie motivierter, anzufangen und durchzuhalten.

3. Indem Sie sich das gute Ergebnis und die Freude darüber sowie den Stolz darauf in allen Facetten vorstellen, stärken Sie zusätzlich Ihre Selbstmotivation: Sie spüren mehr Energie für den Weg zum Ziel.

4. Außerdem können Ihnen in der Imagination Ideen für die Art der Aufgabenerledigung oder Hilfe dazu kommen – ähnlich wie es oft geschieht, wenn wir nach dem Abschluss eines Projekts Rückschau halten. Das können Sie teilweise vorwegnehmen. Und solche Ideen verhindern oft nicht nur Fehler oder Umwege, sondern motivieren dazu, zügig loszulegen.

Lesen Sie im Kasten auf der nächsten Seite, wie es funktioniert. Probieren Sie die Übung gleich einmal aus. Sie kann Ihnen helfen, eine Anti-Stressaktivität jetzt sofort anzugehen.

Sie können die Übung natürlich ebenso nutzen, wenn Sie gar keinen Stress haben und sich auf ein Vorhaben einstellen und dafür mental unterstützen wollen: Nehmen Sie die Übung in Ihr Selbstmanagement-Repertoire auf. Warum sollten Sie Ihre mentalen Fähigkeiten brach liegen lassen?

**1., 2., 3., ...**

So wird's gemacht:

1. Begeben Sie sich an einen für Sie angenehmen Ort, an dem Sie sicher nicht gestört werden. Setzen oder legen Sie sich bequem hin, entspannen Sie sich, und nehmen Sie sich ausreichend Zeit. Kleine, alltägliche Aufgaben bzw. Ziele beanspruchen weniger Zeit als umfassende. Und je vertrauter Sie mit der Imaginations-Übung sind, desto weniger Zeit werden Sie benötigen. Bleiben Sie jedoch nicht länger als 15 bis 20 Minuten in der Vorstellung.
2. Formulieren Sie Ihr Ziel positiv und eindeutig. Die Formulierung drückt genau den Zustand aus, den Sie erreichen wollen.
3. Schließen Sie die Augen und beginnen Sie mit der Ergebnisimagination: Stellen Sie sich genau vor, wie es ist, wenn Sie Ihre Aufgabe erledigt und Ihr Ziel erreicht haben. Malen Sie sich in Ihrer Vorstellung die bildlichen Situationen und Gespräche detailliert aus, spüren Sie den guten Gefühlen nach. Konzentrieren Sie sich darauf, die Gesichter zu sehen und die Stimmen zu hören. Bleiben Sie in der Vorstellung, es geschafft zu haben. Sagen Sie zu sich: „Das habe ich gut gemacht!"
4. Wiederholen Sie die Imagination noch einmal.
5. Kehren Sie dann allmählich wieder in die Realität zurück.

## 3.6 – Dafür lohnt sich's

### Äußere Anreize: Setzen Sie passende Belohnungen aus

Positive Anreize motivieren. Und da Sie sich selbst am besten kennen, können Sie sich besonders gut auf Selbstbelohnungen verlassen. Fehlt es Ihnen an Entschlusskraft, konkrete Maßnahmen zum Strressabbau zu ergreifen? Dann überlegen Sie, was Sie in Gang setzen könnte: Vielleicht möchten Sie, wenn ein Schritt getan ist, ins Café gehen? Oder Sie hätten Lust, sich mit einer Freundin für einen Theaterbesuch zu verabreden? – Gönnen Sie sich solchen Lohn für Ihre Bemühungen. In Stresszeiten ist es ohnehin wichtig, dass Sie sich auch guttun. Und die ausgesetzte Belohnung kann Sie motivieren, sich mit dem leidigen Stressmacher zu befassen und etwas dagegen zu unternehmen. Beherzigen Sie bei der Selbstbelohnung die folgenden Tipps, damit sie zuverlässig wirkt.

### Tipps

Hier noch ein paar Tipps:

- Setzen Sie die Belohnung stets punktuell und gezielt ein. Also nicht: „Wenn ich irgendwann alles geschafft habe, dann fahren wir mal ein Wochenende weg." Sondern: „Wenn ich diese Hürde genommen/diesen Teilschritt getan habe (präzise benennen), dann erlaube ich mir ... (Art der Belohnung ebenso ganz genau benennen)." Ein positiver Nebeneffekt davon ist, dass Sie sich nicht zu viel auf einmal vornehmen, sondern das Vorhaben in Etappenziele unterteilen.
- Belohnung ist etwas Individuelles: Was für den einen eine wirksame Belohnung ist, lässt den anderen kalt. Überlegen Sie, welche Belohnung besonders gut zu Ihnen passt und Sie motiviert.
- Setzen Sie auf Abwechslung, denn dies ist eine einfache Form der Belohnung, die jedem guttut. Sorgen Sie also für Abwechslung bei der Durchführung Ihres Vorhabens.
- Manche Belohnungen sind Dauerbrenner, andere verlieren mit der Zeit ihre Wirkung, wieder andere haben nur einmal den gewünschten Effekt. Überlegen Sie jeweils für die konkrete Situation: „Welche Art der Belohnung spornt mich jetzt an?"
- Große Selbstüberwindung verdient auch eine etwas größere Belohnung. Feiern Sie solche Erfolge mit etwas ganz Besonderem!

## 3.7. – „Guten Morgen, liebe Sorgen!“

### Sogar Sorgen können Ihnen guttun

Sich Sorgen zu machen ist ein Stressklassiker. Es gibt wohl nichts, worum wir uns nicht sorgen könnten: „Werde ich pünktlich kommen?“ – „Werde ich einen guten Eindruck machen?“ – „Was werden die anderen sagen?“ – „Was ist, wenn das Wetter umschlägt und wir Glatteis bekommen?“ – „Hoffentlich steckt hinter diesen Blutwerten nichts Ernstes.“ – „Was ist das denn für ein Geräusch am Auto?“ – „Wenn die Kinder nur erst wieder heil zu Hause wären.“ – „Ich mache mir Sorgen um meinen Arbeitsplatz.“ – „Wer weiß, was einmal aus unserer Rente werden wird.“

Um welche Art von Sorgen es sich auch handelt: Wir sind ihnen und auch den zuweilen zermürbenden Auswirkungen auf unser Befinden und unseren Alltag nicht hilflos ausgeliefert. Wir können sie in den Griff bekommen.

Der 1. Schritt zur Bewältigung von Sorgen ist es, zu erkennen: Sorgen sind kein böser Einfall der Natür! Im Gegenteil, sie können sinnvoll und sehr nützlich sein. Sie können 3fach positiv wirken – indem Sie bei Ihnen eine Änderung Ihres Denkens oder Verhaltens auslösen.

### Sorgen als Hinweis

Sorgen können Sie auf etwas hinweisen, was nicht stimmt oder problematisch ist, was Sie jedoch noch zu verdrängen versuchen. Beispiele: Sie sorgen sich um immer wiederkehrende Schmerzen in Ihrer Schulter oder um ein ungewöhnliches Geräusch am Auto. Solche Sorgen sind „gut“; sie zu ignorieren könnte gefährlich werden.

Hier fungiert die Sorge als Hinweisreiz, der Sie auf ein Problem aufmerksam macht.

## Sorgen führen zu Taten

Beispiele: Sie haben sich lange um einen Vortrag gesorgt. Das hat nun bewirkt, dass Sie endlich beginnen, sich systematisch darauf vorzubereiten. Ebenso erfüllen Sorgen ihren Sinn, wenn Sie deshalb schließlich Schmerzen diagnostizieren oder ein Autogeräusch überprüfen lassen.

Eine solche Sorge ist so lange sinnvoll, bis Sie das zugrunde liegende Problem begreifen und sich bemühen, eine Lösung herbeizuführen.

## Sorgen bewirken Probehandeln

Die besorgte Frage „Was ist, wenn ...?" kann bewirken, dass Sie sich gedanklich, in Ihrer Vorstellung, auf eine mögliche Problemsituation einstellen. Sollte die befürchtete Situation eintreten, sind Sie gut vorbereitet.

Oder Sie erkennen durch das Probehandeln frühzeitig, dass die Sorge überflüssig ist: So werden Sie solche Sorgen am besten los.

## Achten Sie auf die Signale

Sorgen können vielfältige negative Auswirkungen auf uns haben und Stresssymptome hervorrufen.

Sorgen beeinflussen unser körperliches Befinden: Wir können nicht mehr richtig entspannen und schlafen unruhig oder finden gar keinen Schlaf.

Sorgen beeinflussen auch unser Denken: Unsere Konzentration ist gestört. Wir sind abgelenkt und können unseren Aufgaben nicht die notwendige Aufmerksamkeit widmen. Oft neigen wir auch zu selektiver Wahrnehmung, das heißt, wir nehmen besonders die Dinge wahr, die unsere Befürchtungen unterstützen. Auch unsere Entscheidungsfähigkeit kann beeinträchtigt sein. Wir sind nach innen orientiert und haben nur noch wenig Energie, auch unser Umfeld wahrzunehmen.

Sorgen beeinflussen auch unser Verhalten: Unser Benehmen verändert sich, für andere oft nicht nachvollziehbar. Wir gehen weniger zuversichtlich an neue Aufgaben heran. Unsere Leistungsfähigkeit nimmt ab, weil wir zu vorsichtig werden. Wir werden auch unbewusst nachlässig, weil unser Unbewusstes versucht, die angstvolle Fantasie in die Realität umzusetzen.

Sorgen beeinflussen auch unsere Gefühle: Wir fühlen uns leicht überfordert. Wir haben das Gefühl, die Dinge nicht mehr unter Kontrolle zu haben. Wir sind ängstlich und fühlen uns ein wenig konfus.

## „Hallo, befass dich mit mir!"

Wenn Sie einige oder mehrere solcher Stresssignale bei sich wahrnehmen, begreifen Sie das als Aufforderung, sich mit der Sorge zu befassen. Denken Sie an die positiven Seiten von Sorgen. Verdrängen Sie die Sorge nicht, sondern fragen Sie sich:

1. „Worauf möchte die Sorge mich hinweisen?"
2. „Was könnte ich jetzt tun, um die Sorge loszuwerden?"
3. „Wie kann ich mich auf den Fall einstellen, dass die Befürchtung eintritt?"

Wenn Sie sich der Sorge zuwenden, dann werden Sie sie auch bewältigen: Sie sollten sich zuerst mit Entspannungsübungen zur Ruhe bringen. Überprüfen Sie dann auch einmal, wie wahrscheinlich es überhaupt ist, dass die Befürchtung eintrifft. Und falls die Wahrscheinlichkeit hoch ist, dann klären Sie gleich einmal, wie sehr das Ihr Leben beeinträchtigen würde – bzw. ob überhaupt. In vielen Fällen können Sie Vorsorge treffen und/oder Gegenmaßnahmen planen, für den Fall, dass die Befürchtung eintritt.

Durch all diese Maßnahmen versichern Sie sich: Sie können mit der Sorge umgehen.

# 4. So beugen Sie Stress vor

# 4.1 – Erholen Sie sich gut

### „Grabe den Brunnen, ehe du Durst hast“

Dieses chinesische Sprichwort ist das richtige Motto für Ihre Stressprävention. Tun Sie etwas gegen den Stress, bevor er Sie erwischt. Das bedeutet insbesondere, dass Sie für Ihre Erholung vorsorgen sollten: im Alltag, am Wochenende und im Urlaub.

### Wie erholen Sie sich am besten?

Herrlich: Sie konnten eine Arbeit eine halbe Stunde früher als geplant abschließen. Oder es liegt ein freies Wochenende vor Ihnen. Zeit für sich – Zeit für Erholung und Entspannung!

Was tun Sie also in dieser Zeit? Sie laufen in der „großen Pause“ einmal um den Block. Und am Wochenende schlafen Sie sich richtig aus, gehen ins Theater oder treffen sich mit Freunden. Und hinterher? Fühlen Sie sich so richtig erholt und fit für neue Taten? Oder fühlen Sie sich noch genauso gestresst, müde und erschöpft wie vorher?

Oft klappt es mit der Erholung nicht so, wie wir uns das vorher ausmalen. „So ein Wochenende reicht eben nicht, ich bin schon lange urlaubsreif“, mögen wir uns dann sagen. Das mag zutreffen, wenn Sie sich schon länger oder sehr stark gestresst fühlen. Aber meistens ist etwas ganz anderes für die misslungene Erholung verantwortlich.

Wir zäumen bei der Gestaltung unserer Erholungszeit in der Regel das Pferd von hinten auf: Wir überlegen uns, was wir in der Zeit tun wollen, und überlassen es dem Zufall, ob das dann zur Erholung führt oder nicht. Gehen Sie es anders herum an, damit Sie sich stets gut erholen.

## „Wovon will ich mich erholen?“

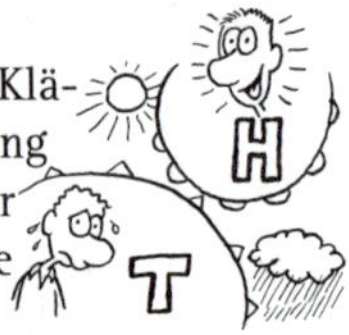


Dies ist die Ausgangsfrage für Ihre Erholung. Klären Sie zuerst, unter welcher Art von Erschöpfung Sie leiden. Davon können Sie die zu Ihnen und der Situation passenden Aktivitäten für eine wirksame Erholung ableiten.

Denn Erholung bedeutet mehr als „endlich einmal ausschlafen“. Sie können noch so lange schlafen und werden sich anschließend nicht erholt fühlen, wenn Sie nicht unter Müdigkeit, sondern unter Langeweile infolge geistiger Unterforderung leiden.

Prof. Dr. Henning Allmer vom Psychologischen Institut der Deutschen Sporthochschule in Köln unterscheidet 4 Erschöpfungszustände sowie die jeweils wirksame Strategie zur Erholung. Seine Erkenntnisse stellt er so dar, dass sie wirklich leicht nachvollziehbar sind und so jedem den individuellen Weg zur wirksamen Erholung öffnen können.

Prof. Dr. Allmer unterscheidet zwischen geistiger und emotionaler Beanspruchung. Geistige Beanspruchung kann sich in 2 Erschöpfungszuständen ausdrücken: Ermüdung als Folge von Überforderung oder Monotonie als Folge von Unterforderung. Emotionale Beanspruchung kann sich in Gefühlen von Stress als Folge von Überforderung oder Gefühlen von Sättigung als Folge von Unterforderung niederschlagen.

Überlegen Sie, von welcher dieser 4 Arten von Beanspruchung Sie gerade besonders betroffen sind bzw. welche Art von Erschöpfung Sie verspüren. Von Ihrer Antwort können Sie ableiten, welche Maßnahmen nun am besten geeignet sind, damit Sie sich gut erholen.

## Bei Ermüdung: Tanken Sie Energie

Wenn Sie sich geistig stark beansprucht fühlen und sich übermüdet und geistig erschöpft fühlen, dann sollten Sie etwas tun, was keinerlei weitere geistige Anstrengung erfordert: Ruhen Sie sich aus, schauen Sie Fernsehen oder dösen Sie in der Erholungszeit. Sie können einen Spaziergang machen, in die Sauna gehen oder Routinetätigkeiten erledigen, bei denen Mitdenken nicht erforderlich ist.

## Bei Monotonie: Machen Sie etwas Anregendes

Fühlen Sie sich geistig eher unterfordert? Machen sich Gefühle von Langeweile in Ihnen breit? Dann lesen Sie etwas Anspruchsvolles, lösen Sie Denksportaufgaben, spielen Sie mit anderen Strategiespiele, treiben Sie Sport oder arbeiten Sie im Garten. – Was auch immer Sie zur Erholung tun: Es sollte Ihren geistigen „Hunger" stillen.

## Bei Stress: Kommen Sie zur Ruhe

Fühlen Sie sich oft oder ständig überfordert und stehen dadurch unter Stress? Dann sollten Sie etwas gegen die Reizüberflutung tun und sich in ruhige Gefilde zurückziehen. Machen Sie Entspannungsübungen (siehe Kapitel 1), gönnen Sie sich ein ausgiebiges Bad, einen langen Spaziergang.

## Bei Sättigung: Tun Sie etwas Sinnvolles

Fühlen Sie sich im Alltag oft unterfordert, gelangweilt und psychisch gesättigt? Dann nehmen Sie sich zur Erholung etwas vor, was Sie fordert. Gehen Sie aus, besuchen Sie Vorträge oder Konzerte, führen Sie Gespräche oder treiben Sie kräftig Sport (durchaus eine Extremsportart, die Sie an Ihre Grenzen bringt).

## Schaffen Sie sich Gelegenheit für wirksame Erholung

In der Regel verläuft unser Leben nicht im Gleichmaß. Von außen stürmen immer wieder neue Anforderungen auf uns ein, und wir selbst stellen uns neue Aufgaben. Die Beanspruchung verändert sich und also auch unser Erholungsbedarf. Das bedeutet, dass wir uns immer wieder Gedanken darüber machen müssen, wie wir uns in der gegebenen Situation am besten erholen.

Und dann? Dann sieht die Abendplanung etwas ganz anderes vor, als Sie jetzt brauchen. Sie haben schon vor Wochen einer Einladung zum Essen zugesagt. Oder das Wochenende, an dem Sie Energie tanken und sich ausruhen wollen, ist schon vollgestopft mit Verabredungen mit Freunden und einem Theaterbesuch.

Aktivitäten mit anderen und Besuche von Veranstaltungen erfordern meistens Vorausplanung. Kurzfristige Absagen sollten nur in Ausnahmefällen vorkommen. Halten Sie sich deshalb möglichst 2 Abende pro Woche frei, damit Sie sich dann jedenfalls die Erholung gönnen können, die Ihnen guttut. Und planen Sie auch für etwa jedes 2. Wochenende gar nichts, um dann kurzfristig entsprechend Ihrem Erholungsbedarf entscheiden zu können, was Sie tun.

## Gute Erholung: Gewöhnen Sie sich daran!

Beugen Sie dem Stress vor, indem Sie sich Schritt für Schritt an gutes Erholungsmanagement gewöhnen:

### 1., 2., 3., ...

So wird's gemacht:

1. Sie können nicht auf einmal viele Gewohnheiten ändern: Wählen Sie sich aus der Checkliste (nächste Seite) jeweils eine einzige Erholungsmaßnahme aus, die Sie sich in den nächsten Wochen angewöhnen wollen.
2. Führen Sie die gewählte Maßnahme konsequent, ohne Ausnahme durch – so lange, bis Sie es automatisch tun.
3. Wählen Sie die nächste Maßnahme auf der Liste – bis Sie alle Checkpunkte „abhaken“ können und also gut für Ihre gute Erholung vorsorgen.

### Checkliste

Das gibt's für Sie zu tun:

- ❍ Alle 90 Minuten mache ich eine kleine Pause, um mich zu entspannen: beispielsweise räkeln und strecken, aufstehen, tief durchatmen, frische Luft schnappen.
- ❍ Nach jeder abgeschlossenen Arbeit mache ich eine Minipause.
- ❍ Jeden Tag gönne ich mir eine Erholungszeit von mindestens 20 Minuten Dauer – für beispielsweise eine genüssliche Dusche, Musikhören, Teetrinken, eine Entspannungsübung.
- ❍ Jeden Tag betätige ich mich körperlich – fahre mit dem Fahrrad ins Büro oder gehe zu Fuß dorthin, mache Gymnastik, laufe in der Mittagspause um den Block o. Ä.
- ❍ Mindestens 3-mal in der Woche strenge ich mich bei einer körperlichen Aktivität (zum Beispiel Walking, Schwimmen, Wandern, Fitness-Studio) von etwa einer halben Stunde Dauer richtig an.
- ❍ Mindestens 2 Abende die Woche halte ich mir frei, um kurzfristig zu entscheiden, welche Art Erholung ich mir gönne.
- ❍ Jedes 2. Wochenende halte ich mir frei, um dann gemäß meiner Verfassung zu entscheiden, auf welche Weise ich mich erhole.

## Urlaub ohne Stress

Wir neigen dazu, unseren Urlaub zu überfrachten: Möglichst schnell wollen wir uns gut erholen. Wir wollen etwas erleben und all das tun, wozu wir sonst nie kommen. Endlich Zeit für den Partner, für die Familie ... Und im Hinterkopf spuken an den ersten Urlaubstagen noch die Gedanken an laufende Projekte herum, die sich – kaum waren sie einige Tage ausgeblendet – 3 Tage vor der Rückkehr schon wieder breitmachen.

Kein Wunder, dass der Jahresurlaub bei solch einer Herangehensweise so häufig der „Flop des Jahres“ wird: Weniger als die Hälfte, nur 42 % aller Sommerurlauber, erholen sich laut Weltgesundheitsorganisation in ihrem Urlaub wirklich. Nach einer Untersuchung von Cary Cooper (Professor für Organisationspsychologie, Manchester) sind 76 % aller Angestellten bereits 1 Woche nach dem Urlaub wieder auf dem Stressniveau angelangt, auf dem sie vor dem Urlaub waren. Und jede 3. Scheidung wird nach dem Urlaub eingereicht.

Beugen Sie solch traurigen Urlaubsergebnissen vor. Gehen Sie bei der Urlaubsvorbereitung nach unserer Checkliste vor, damit Ihnen Ihr Urlaub wirklich die wohlverdiente Erholung bringen kann.

**Checkliste**

Das gibt's für Sie zu tun:

- ❍ Planen Sie für den Urlaub mindestens 2 Wochen ein.
- ❍ Machen Sie sich vor der Planung klar, welche Erholungsbedürfnisse Ihr Urlaub erfüllen soll.
- ❍ Stimmen Sie Ihre Bedürfnisse mit denen Ihrer Mitreisenden ab.
- ❍ Sorgen Sie dafür, dass Sie die Reisedokumente mindestens 1 Woche vor Urlaubsbeginn beisammen haben.
- ❍ Stellen Sie das Gepäck möglichst bis 2 Tage vor der Abfahrt zusammen, sodass Sie es dann nur noch einpacken müssen.
- ❍ Planen Sie für den Beginn und das Ende des Urlaubs je 1 Tag zu Hause ein.
- ❍ Nehmen Sie sich keine Arbeit mit in den Urlaub.
- ❍ Hinterlassen Sie im Büro allenfalls für extreme Notfälle Ihre Urlaubstelefonnummer.
- ❍ Vereinbaren Sie mit einer Person Ihres Vertrauens, dass sie nach Ihrer Wohnung/Ihrem Haus schaut.

# 4.2 – Planen Sie Genuss vor Muss

## Erst die Muße, dann das Muss

Vergessen Sie Sprichwörter wie „Müßiggang ist aller Laster Anfang" oder „Erst die Arbeit, dann das Vergnügen".

Denn Muße ist ein hilfreicher Ratgeber für unsere Lebensgestaltung: „Muße" bedeutet „Untätigkeit, freie Zeit, Ruhe". Die Herkunft des Wortes ist eng verwandt mit „müssen", was eigentlich „sich etwas zugemessen haben" bedeutet. Weitere nahe Verwandte sind (laut Duden Herkunftswörterbuch) „meditari" – „erwägen, nachdenken" und „medicus – „Arzt, eigentlich: klug ermessender, weiser Ratgeber".

## „Müßiggang ist allen Geistes Anfang."

Orientieren Sie sich ab heute an diesem Zitat von dem österreichischen Schriftsteller Franz Werfel (1890–1945). Nehmen Sie sich häufig Zeit, in der Sie nichts tun, in der gar nichts los ist, in der Sie einfach mit sich allein sind – in der Sie müßiggehen.

Keine Angst, Sie werden sich schon nicht „zu Tode langweilen" – Sie sind ja dabei. Und Sie können beim Müßiggehen eine Menge „tun":

1. Genießen Sie einfach die Ruhe.

2. Oder lassen Sie Ihre Gedanken schweifen. Vielleicht haken Sie sich an irgendeinem Gedanken fest, den Sie im Alltagsgetümmel gar nicht erfassen können. Jetzt haben Sie die Muße, sich damit zu befassen. Oder Sie merken, dass alles im guten Fluss ist und genießen das. Oder durch die Muße kommt Ihnen eine Idee, die in der Alltagshektik keine Chance hatte, in Ihnen zu reifen und zu „zünden".

3. Oder kommen Sie zu sich, halten Sie Innenschau: „Wie geht es mir? Wie sehe ich mich selbst? Wo stehe ich? Welche sind meine Bedürfnisse? Was stört mich, was stresst mich? Was wünsche ich

mir?“ – Sie verbringen den ganzen Tag mit anderen, kennen sie und ihre Bedürfnisse gut und gehen mit ihnen um. Verbringen Sie auch Zeiten mit sich selbst – um sich Ihrer selbst bewusst zu werden. So gehen Sie sicher, dass Sie selbst der Ursprung Ihres Handelns sind und nicht tausenderlei „Muss“ Ihr Leben bestimmt.

## Arbeiten Sie so selbstbestimmt wie möglich

Natürlich unterliegt jede Arbeit auch dem Einfluss anderer: Vorgesetzter, Auftraggeber, Kunden, Kollegen, Mitarbeiter. Doch wenn Sie Ihren Arbeitsalltag als stark fremdbestimmt und von häufigen Störungen geprägt erleben, kann dies eine permanente Stressbelastung für Sie sein. Mit diesen 5 Tipps erlangen Sie wieder mehr Selbstbestimmtheit in Ihrer Arbeit:

### Tipps

- Auch selbst verantworteten Zeitdruck erleben wir in der Summe als fremdbestimmtes Arbeiten: Machen Sie deshalb für jeden Tag Ihre Aufgabenplanung. Portionieren Sie umfangreiche Aufgaben in Abschnitte, die Sie schaffen können. Planen Sie auch die Erledigung kleinerer Aufgaben, am besten, indem Sie sie in Blöcke zusammenfassen. Denn wenn Sie sich den ganzen Tag lang mit unzähligen kleinen Aufgaben befassen, werden Sie sich abends fragen: „Wer hat mir den Tag genommen?“
- Schirmen Sie sich gegen Störungen ab – zumindest in täglichen störungsfreien Zeiten: Legen Sie Ihre störunsfreie Zeit fest, teilen Sie sie Ihren Kollegen mit, und halten Sie diese stets ein, so werden sich alle schnell daran gewöhnen.
- Nehmen Sie nur an Sitzungen und Veranstaltungen teil, bei denen Ihre Anwesenheit für Sie wichtig und richtig ist.
- Sagen Sie „Nein“, wenn Sie nein meinen. Das erfordert Selbstbewusstsein, aber ohne dieses gibt es keine Selbstbestimmtheit: nur Mut!

### Bei der Planung: Zuerst der Genuss, dann das Muss

Wie machen Sie Ihre Jahres-, Monats-, Wochen- und Tagespläne? Tragen Sie erst alle Pflichttermine ein? Und dann schauen Sie, wie Sie Ihre Wünsche unterbekommen? Machen Sie es ab sofort umgekehrt:

Planen Sie zuerst das fest ein, was Sie sehr gerne machen möchten. (Wenn Sie eine Lebensgefährtin oder einen Lebensgefährten haben, dann planen Sie noch davor ein, was Sie gemeinsam genießen möchten.) Und erst zum Schluss kommen die Pflichten dran.

Keine Sorge, die Pflichten werden nicht zu kurz kommen, es sind nun einmal unumgängliche Aufgaben. Sie können also ganz beruhigt zuerst den Genuss planen. So stellen Sie sicher, dass auch das, was sich nicht von selbst in Ihre Planung drängt – das Entspannen und Genießen – in Ihrem Leben nicht zu kurz kommt.

## 4.3 – Stressfreie Zonen & Zeiten

### Halten Sie sich die Wochenenden frei

Halten Sie sich die Wochenenden frei. Einkaufen, aufräumen, sauber machen, kleine Reparaturen und ähnliche Hausarbeiten erledigen – damit wird in vielen Haushalten das halbe Wochenende „vernichtet".

Hinzu kommen oft regelmäßige Besuche oder Anrufe bei Verwandten, bestimmte „Fahrdienste" für die Kinder. Irgendwann muss auch anstehender privater „Papierkram" erledigt werden – Steuer, Finanzen etc.

Überlegen Sie sich, wie Sie Ihre Wochenenden oder mindestens einen Tag des Wochenendes „freischaufeln" können von wiederkehrenden Aufgaben und Verpflichtungen:

1. Können Sie Ihre Hausarbeiten anders organisieren? Vorschläge: Kaufen Sie unter der Woche ein. Erledigen Sie die Hausarbeiten in kleinen Einheiten über die Woche verteilt. Erwägen Sie für be-

stimmte Arbeiten eine Haushaltshilfe oder nehmen Sie Dienstleister (beispielsweise Getränkelieferanten) in Anspruch.

2. Können Sie sich von regelmäßigen Verabredungen oder Verpflichtungen befreien? Regelmäßige Besuche, Anrufe oder Fahrdienste nehmen Ihnen jegliche Freiheit bei Ihrer Planung. Sie können Ihre Eltern, statt Sie jeden Samstagnachmittag zu besuchen, mal anrufen (nicht immer am gleichen Tag, zur gleichen Uhrzeit!), ein anderes Mal besuchen oder einen Brief schreiben. Und der Fahrdienst zum Sport für Ihre Tochter am Samtagmorgen kann vielleicht im Wechsel mit anderen Eltern organisiert werden.

3. Können Sie Schreibtischarbeiten weitgehend aus Ihrem Wochenende heraushalten? Vorschläge: Räumen Sie kleineren privaten Schreibtischarbeiten wie Ablage einen festen Termin in Ihrem Kalender ein, möglichst unter der Woche. Planen Sie für die großen ungeliebten Aktionen (wie Steuererklärung vorbereiten) in Ihrem Jahresplan einen festen Termin ein, auf den Sie sich langfristig einstellen können. Verderben Sie sich keine Wochenenden, indem Sie so etwas mit schlechtem Gewissen vor sich herschieben und dann Berge abtragen müssen.

## Machen Sie kleine Pausen und Mini-Pausen: jeden Tag!“

Gönnen Sie sich alle anderthalb Stunden Ihre 5-Minuten-Pause. Halten Sie die Mittagspause ein. Aber nicht etwa, um schnell vorm Bildschirm ein Brötchen zu verzehren oder den Mittagstisch zum Besprechungsort umzufunktionieren. Nutzen Sie die kleinen Pausen und die Mittagspause, um sich zu entspannen, von vorherigen Arbeiten Abstand zu gewinnen und mit frischer Energie an die folgenden Aufgaben zu gehen. Und gewöhnen Sie sich die Mini-Pause nach Abschluss einer jeden Arbeit an: Nur kurz aufstehen, sich strecken, eine kleine Atemübung – damit ist das eine abgeschlossen und Sie sind bereit für das Nächste.

An dieser Stelle mit Zeit zu geizen, hieße Zeit zu verschwenden. Denn die Minuten, die Sie mit diesen wichtigen Pausen verbringen, die erhalten Sie durch höhere Effizienz bei der Arbeit sicher wieder zurück.

### Schaffen Sie den Stress aus Ihrem Blick

Haben Sie zu Hause einen Ort, an dem Sie sich wohl fühlen und an dem Sie sich aufhalten können, ohne gestört zu werden? Einen Ort, an den Sie sich gerne zurückziehen, um zu sich zu kommen, sich zu entspannen? Einen Ort, der es Ihnen ermöglicht, die Dinge in Ruhe zu betrachten und der keinerlei Stress in Ihnen auslöst?

Es ist schön, wenn das ein eigener Raum ist. Ist das nicht möglich, so sollten Sie sich dennoch Ihre kleine stressfreie Zone in Ihrer Wohnung gestalten: Hier schaut Sie keine Arbeit an, weder berufliche noch private. Hier stehen keine Dinge herum, die Ihre Aufmerksamkeit auf Themen anderer Familienmitglieder lenken. Es ist auch der Ort, den Sie mit der freundlichen Bitte, eine Weile nicht gestört zu werden, jederzeit für sich beanspruchen können.

Manche Menschen finden auch in ihrem Lieblingscafé die wohltuende Ruhe, die sie zum Nachdenken, Lesen, Entspannen, Tagebuchschreiben benötigen. Vielleicht haben Sie einen solchen Ruheort in der Natur?

Und für Situationen, aus denen Sie sich nicht real herausziehen können, können Sie sich vorsorglich mit der Mental-Übung auf Seite 15 Ihren inneren Ruheort schaffen.

## 4.4 – Gelassen bleiben trotz allem!

### Verankern Sie die Gelassenheit in Ihrem Alltag

Schaffen Sie sich die besten Rahmenbedingungen, um zu innerer Gelassenheit zu gelangen und sich diese auch zu bewahren, wenn mal wieder vieles auf einmal auf Sie einprasselt.

## Erkennen Sie Ihre Erfolge an

Sehen Sie nicht ständig nur die Dinge, die noch zu tun sind. Denn dadurch kann nur ein Gefühl des Getriebenseins entstehen. Freuen Sie sich auch über das, was Sie geleistet und erreicht haben.

Überdenken Sie zum Abschluss des Arbeitstages kurz Ihren Tag: Mag sein, einiges haben Sie noch nicht geschafft. Sie können dennoch viele Erfolge für sich verbuchen. Und sind es auch meistens keine ganz großen Erfolge, die Sie an einem Tag erzielen, so schätzen Sie dennoch die kleinen, die Teilerfolge. Denn auf all den kleinen Schritten, die Sie täglich tun, basieren schließlich auch die seltenen großen Erfolge. Machen Sie sich das immer wieder bewusst, so können Sie ganz gelassen Schritt für Schritt vorangehen.

## Beenden Sie die Tätigkeit, mit der Sie begonnen haben

Eine Tätigkeit zu beginnen, dann abzubrechen und später wieder aufzunehmen, das kostet Sie Zeit und Energie, da Sie sich wiederholt in die Sache hineindenken müssen. Zudem erzeugen solche Mehrfachanläufe zur Erledigung einer Tätigkeit schnell das Gefühl, ständig an etwas zu arbeiten, aber doch damit auf der Stelle zu treten.

Beugen Sie selbst erzeugten Abbrüchen Ihrer Tätigkeiten vor: Setzen Sie sich, bevor Sie mit einer Tätigkeit beginnen, einen Zeitpunkt, wann Sie diese abschließen werden. Falls die Aufgabe zu aufwendig ist, als dass sie in einem Zug erledigt werden könnte, dann setzen Sie sich ein Teilziel, das Sie in der vorgesehenen Zeit erreichen können.

## Beißen Sie sich nicht fest

Was tun Sie, wenn Sie bei einer Tätigkeit nicht vorankommen, es aber vorangehen muss? Dranbleiben, sich durchbeißen? Gut, etwas zusätzliche Selbstdisziplin und also zumindest ein weiterer Versuch, es doch zu schaffen, führen oft zum Ziel. Aber wenn es dennoch nicht geht? – Dann lassen Sie los! Scheint ein Problem oder eine Aufgabe festgefahren zu sein und sprengt Ihre Beschäftigung damit schon jeden Zeitrahmen, dann ist das ein deutliches Zeichen für PAUSE. Nehmen Sie sich die Pause, statt stur an der Tätigkeit zu bleiben und in der Anspannung und in dem Frust zu verharren.

Danach, in entspanntem Zustand, wird es Ihnen besser gelingen, die Sache noch einmal von einer anderen Seite zu betrachten und einen neuen Einstieg zu finden.

## Geben Sie Unvorhersehbarem reichlich Raum

Schreiben Sie einmal Ihre durchschnittliche Arbeitszeit auf. Ziehen Sie davon die Zeit ab, die Sie täglich für Routinevorgänge verwenden: E-Mails checken, Ablage ... Ziehen Sie außerdem die Zeit ab, die Sie durchschnittlich für feste, wiederkehrende Termine benötigen. Ziehen Sie schließlich die Zeit ab, die Sie schätzungsweise täglich mit Unvorhergesehenem verbringen.

Üblicherweise wird nach diesen Abzügen die verbleibende verplanbare Zeit etwa 4 bis 5 Stunden betragen. – Berücksichtigen Sie das ab sofort in Ihrer Tagesplanung, so wird viel Zeitdruck aus Ihrem Alltag verschwinden.

## Planen Sie bei Terminen mit anderen Zeitpuffer ein

Ob Sie Besuch erwarten oder selbst aus dem Haus gehen: Die Wahrscheinlichkeit, dass aus irgendwelchen Gründen das Treffen nicht pünktlich beginnt, ist sehr hoch: Stau, Zugverspätung ... Dann beeinträchtigt diese Verspätung das Treffen und schließlich hetzen Sie den ganzen Tag lang der verlorenen Zeit hinterher. Halten Sie diese Art Stress von sich fern: Planen Sie Zeitpuffer ein.

### Legen Sie den Abschluss des Arbeitstages fest

„Dann mache ich das eben heute Abend“, mag Sie für den Augenblick beruhigen. Aber damit stellen Sie sich eine böse Falle: Es ist ein Misstrauensvotum gegen die eigene Planung. Halten Sie sich stets an den am Vorabend festgelegten und geplanten Abschluss Ihres Arbeitstages. An einem gut geplanten Arbeitstag können Sie alles leisten, was Sie wollen.

## 4.5 – Schlafen Sie gut

### Halten Sie den Stress aus Ihrem Schlafzimmer heraus

Wenn Sie sich mit Problemthemen befassen müssen, dann tun Sie das tagsüber. Das Bett ist zum Schlafen da, für nichts anderes! Ausnahme: Sex. Sehen Sie auch im Bett nicht fern, denn damit kommen Sie nicht zu energiespendender Ruhe.

### Schaffen Sie sich ein Zubettgeh- und Einschlafritual

Sehen Sie nochmal nach den Sternen, hören Sie Musik, trinken Sie einen Kräutertee. Im Bett tun genüssliches Strecken und Räkeln gut. Oder probieren Sie mal die Imaginationsübung „Die Wellen des Schlafs“ aus:

**1., 2., 3., ...**

So wird’s gemacht:

1. Stellen Sie sich vor, wie Sie in einer lauen Nacht an einem schönen, ruhigen Strand auf einer Düne sitzen oder liegen und das Meer betrachten. Es ist die Zeit der auflaufenden Flut – mit jeder Welle steigt das Wasser ein bisschen höher. Atmen Sie ruhig und gleichmäßig, und sehen Sie die Wellen des Schlafs sacht ansteigen ...

## 4.6 – Gut leben mit „gutem“ Stress

### Gestalten Sie Hochleistungsphasen bewusst

Stress kann positiv wirken und Sie zu Höchstleistungen befähigen. Voraussetzung dafür ist, dass Sie sich auf solche Zeiten, in denen Sie besonders gefordert sind und sich gerne verstärkt einsetzen, bewusst einstellen.

### Definieren Sie die Stressphase

Legen Sie vorab – bevor Sie sich auf die neue Herausforderung einlassen – genau fest, wofür Sie sich besonders engagieren werden. Bestimmen Sie Anfang und Ende der Phase: schriftlich, in Ihrem Kalender. Entscheiden Sie vorab, auf welche Aktivitäten Sie in dieser Phase verzichten wollen, um Zeit für die neue Aufgabe zu gewinnen. Und besprechen Sie die zeitweilige Änderung Ihrer Lebensführung vorab mit Ihrer/m Lebensgefährtin/en.

### Halten Sie wichtige Regeln der Stressprävention ein

Machen Sie gerade in dieser Phase konsequent Ihre Pausen, und achten Sie besonders auf gesunde Ernährung und Bewegung. Beenden Sie weiterhin nach Plan (!) Ihren Arbeitstag, damit Sie nicht einen Open-end-Tag an den anderen reihen und alsbald durch Erschöpfung über Ineffizienz in einen Stresskreislauf rutschen.

Führen Sie gerade in dieser Phase Tagebuch. Nehmen Sie sich täglich 5 bis 10 Minuten Zeit für Selbstbeobachtung und Einordnung des Tagesgeschehes. So nehmen Sie gegebenenfalls Signale der Überlastung frühzeitig wahr. Und Sie machen sich immer wieder bewusst, dass Sie die Situation beeinflussen können: Es handelt sich hier um Ihren „hausgemachten“ positiven Stress, um eine besondere Zeit, in der Sie Besonderes leisten möchten. Damit werden Sie erfolgreich sein, weil Sie Ihre persönlichen Bedürfnisse im Blick behalten!